百年中国记忆·实业巨子

刘未鸣　詹红旗　主编

范旭东：民族化工奠基人

中国文史出版社

百年中国记忆·实业巨子

主　编： 刘未鸣　詹红旗

编　辑：（按姓氏笔画排序）

牛梦岳　刘　夏（统筹）　赵姣娇

胡福星　梁玉梅　程　凤

范旭东（1883—1945）

毛泽东书"工业先导，功在中华"挽联

永利化学工业公司南京铔厂局部

黄海化学工业研究社外景

重建的四川自贡模范盐厂真空制盐的车间，车间大楼前的"喷雾"场景是制盐的一道工序——"浓缩卤水"。

永利碱厂厂区

"永久黄"集团职员合影，前排右五为范旭东，右四是侯德榜。

第一章	**化学工业拓荒者："虽粉身碎骨，亦要硬干出来"**

附 录

百年
中國記憶
BAINIAN
ZHONGGUO
JIYI

第 一 章

化学工业拓荒者："虽粉身碎骨，
亦要硬干出来"

呈请批准维持免税原案优予维护

具呈人永利制碱公司总经理范旭东

为确定创办氮气工业计划，恳予呈请行政院备案并明令批准维持免税原案优予维护事。窃公司因鉴于氮气工业关系国防民生至切，中外合办久无成议，于去冬十一月毅然呈请筹资自办硫酸铔厂，蒙提请行政院第一三六次会议议决照办，当即着手筹备。兹将进行方案分项呈报于后：

一、资本。近代工业在中国尚极幼稚，故欲公开募集巨额资金，颇不易为力，况氮气工业在中国为创举，且须防备外货倾销，规模既大，资金至少又非千万莫举。公司董事会讨论至再金谓，欲引起世人同情，踊跃投资，必自本身牺牲始，故决定将公司十余年来缔造艰难、粗具成效之制碱工业，公开与国内之资本家及金融界共享其成，改组永利并扩张资本总额为国币一千万元。除第一期已收二百万元外，余数分作两期续收，第二期收三百五十万元，第三期续收四百五十万元。

目下碱厂正在扩张，需用资金至巨，不幸国内经济衰退，出品滞销，周转不易。估计碱厂所用至少须占四百五十万元，故第二期续收股本，所能用作硫酸铔厂者只一百万元而已。

情势如此，第三期股份断难即行续收，不得已决定由永利发行公债五百五十万元以资补助。此数已承中国、上海、金城、浙江兴业四银行组织银团分认，并蒙曲谅公司为国兴业之诚，允为减轻利率至年息七厘。如此利率在中国固属难能，设与世界同业所担负者相比较，又不无过重之嫌矣。合计每年须付债券息金共三十八万五千元之巨，系指定由永利制碱部分负责支付。目下银价高涨，外货倾销，势所不免，负担骤增，殊堪忧虑。万一永利之基础因此动摇，其于中国工业建设必贻无穷后累，诚当于着手之前，切实审慎者。

二、恳予转呈行政院明令批准维持免税减费原案并优予维护事。民国十九年公司因经营困难势将不支，特呈恳前工商部俯赐救济，蒙呈准，行政院议决加入公股二百万元，并从十九年六月一日起，免除公司原料制品厘税及核减国营运输机关运费各三十年在案。只以国步多艰，公股未能拨下，复蒙俯念公司严重危机，准予自发债券暂代公股。几经曲折始得于是年十月发行，而厄于时局，未能畅销。除抵偿旧欠，化零为整，或折扣作抵，暂行周转外，发售债券所收得之现款，仅七千元而已，实始意所不及料者。其后金价变化，汇兑上于营业有利，危难之局自然消解，及今回思，不寒而栗。此次不顾前此艰苦之经历，敢于担负创办氮气之重任，原非得已。资金筹划略如上述，既须变更组织，扩张股本，发行新债，则政府加入公股一案，应恳准予拨现或保留以后入股之权，俾便招收新股。碱业部分原无厚利，历年经过可以证实。公司今后既加重近四十万元债券利息之负担，其危险自可想见。除恳呈准行政院明令维持免税减费原案外，务乞俯赐维护，不胜感祷。

三、厂址。厂址以交通便利、煤斤集中或出产之地为宜。现经公司与银团商定，决购江苏六合县境内沿长江高地为厂址，既邻近浦口，山东煤产咸集于此，且与首都相隔咫尺，颇得交通上便利。

四、工程进行方针。拟择欧美化学工程公司富有经验实绩者，令其负设计及安装监工之责，而采购机器则由公司派员与机器厂家直接，凡国内可自制之机器仍在国内自制以省靡费。至于原料硫铁等物，当然以采用国产为原则。合并陈明。

公司现定下月召集股东大会，通过修改章程、扩张股本、募集债款，筹备氮气工业各案，一俟议决，遵章再行呈报备案。惟本呈第二项恳赐维护各节，应请先予呈请行政院明令批准，俾便报告以安众股东之心，而免发生疑虑致碍进行。是否有当，伏候批示，祗遵。谨呈

实业部部长、 次长

民国二十三年二月十一日具

公私合营水利久大化学工业公司历史档卷（永利案卷顺序号522）

国家百年长计所关　非仅一业之消长已

谨略呈者：民国二十二年冬，政府为确立中国化学工业基本，曾与英、德两国厂家议商合资一千五百万元，创办合成安摩尼亚工厂制造硫酸铔。交涉至再，行将签字，当时锐以此项工业关系国防民生至切，欧战初起，德国敢于对世界为敌，论者辄谓该国恰于此时，其研究多年之合成安摩尼亚工业始告成功，实与有力焉。故巴黎媾和，各国挟战胜余威，强令德国公开秘诀，其为世界重视亦至如此。吾国安可勿顾，乃不揣绵薄，主张国人筹资自办，以却外人之请，幸荷嘉纳，合办之举遂告中止。去年五月，公司特召集股东大会，议决增加股本，发行债券，并议定划出六百五十万元创办硫酸铔厂。其数比之英德厂家估计，尚未及其小半，虽明知十分紧缩，然为事实所限，增益无从，只得苦干。其后兼程赶进，建造厂屋，安置机器，今已大致就绪矣。工程技术毫无遗憾，虽在工业先进国，殆亦无逾于此者。本厂资金，既非全属股本，其每年所应付债券利息三十八万五千元，须由纯碱部分担负，已云过重，不意银价高涨，外货倾泻而来，影响公司营业至巨，加以华北时局不宁，金融界对公司放款深具戒心，公司处境已不如从前安定。为避根本动摇，惟有将创办之硫酸铔厂工程赶紧完竣，然此亦非添加费用莫由实现。似此收支皆超出预算，前途殊堪忧虑，去冬因有见及此，特举四项办法，呈请实业部转恳行政院迅赐维护，蒙批业荷交议，惜分别修改，未获全部照准。国家财政竭蹶，于今已极，重劳顾虑，于心未安，只以情势所迫，不容坐待，且公司举办此业，无非为国争存，凡所能牺牲者，早已牺牲殆尽。凤蒙鉴谅，岂待赘陈，惟有重申前请，俾竟全功。查原呈第一项请求，系恳依公司创办碱业成例，免除硫酸铔厂制品及原料一切税厘及核减运费至相当年限，承核准除硫酸、硝酸外，准免转口出口税十年，核减运费则准援原有运输特价成例办理；第二项公司债券请由政府保息一节，幸蒙原则通过，惟实行待议耳；第三项所请免除机器及建筑钢料进口关税，则以公司系工厂性质，未予照准；第四项请修筑由浦镇至铔厂铁路支线，蒙准先行勘查，再行核定。伏思合成安摩尼亚工业，在国防与生产经济皆占重要地位，前年政府因见国中无人举办，不得已忍痛投下巨资而与外商合作，一千五百万元资本之中，吾国虽担负八百万元之巨，而一半权力尚操在外人之手，以视国人自办，得失相隔天渊，且其制品仅有硫酸铔一项，产额亦不过五万吨，并无特色。公司以国民立场，凡所规划，无不以国利为前提，故国防所需而为本厂能力所能准备者，业已附带筹备全齐。现在工程将近完成，支出渐形紧迫，且为添加设备所费不赀，从前预算亟须订正，照目前精核，截至明年九月开始试工，相差约二百万元，设荷俯念微衷，赐予奖励，如实行保息及退还所收机器及建筑钢料进口关税，则所差有限，无难自筹弥补。万一格于成例，不便独异，即请以奖励方法行之，尤感厚惠。本厂制品计有合成安摩尼亚、硫酸、硫酸铔、合成硝酸、硝酸铔、硝酸石灰、硝酸钠等，原料则有硫黄、煤焦等为所必需，务恳仍按公司碱厂成例，从出货主日起算，确定免除一切厘税各三十年，以轻成本而杜外货倾销之妄念。其次如铔厂与津浦衔接之铁路支线，既荷勘测，务恳迅赐施工，俾与本厂工程并进。中国化学工业将来能否独立，当决于公司两厂之成败，责任可谓至重。从前碱业既荷育成，合成安摩尼亚工业，今幸建设已有眉

目，百尺竿头，切祈迈进一步，国家百年长计所关，非仅一业之消长已也。谨述颠末，伏候提请政府迅赐施行，无任感祷。敬呈

二十四年十月　日

公私合营永利久大化学工业公司历史档卷（永利案卷顺序号346）

为承办硫酸铔厂请迅赐维护呈文

具呈人永利化学工业公司总经理范锐

呈为奉命承办硫酸铔厂，建筑工程行将告成，请迅赐维护以竟全功事：窃公司前承实业部委命，参与中国与英德厂商合办硫酸铔厂会议，历经讨论，卒以双方立场各异，致无结果。公司因念国家基本工业，必得国人自力操持，复感于政府提倡此业多年，安可中道而废，毅然不顾绵薄，呈请实业部转恳钧院准国人自办，奉批嘉许。受命以来，一面筹集资金，一面派员赴欧美设计图样，采购机器，年余以来进行尚称顺适，工程技术毫无遗恨，虽在工业先进国家亦无逾此者，足堪奉慰。惟始基初立，前途困难尚多，如此重任，非得政府逾格维护，深恐陨越中途，影响将来之中国工业建设。二十三年冬间，特举四项办法，呈请实业部提请钧院迅赐维护，蒙批业经一八五次会议，分别照各部审查意见酌加修改，未获全部照准。伏思硫酸铔工业，在国防与生产经济皆占重要地位。设公司当时不忍苦自办，在资本总额一千五百万元之中，吾国虽担负八百万元之巨额，其一半权力尚为外商所有，且其制品仅有硫酸铔一项，年产总额不过五万吨，并无其他特点。公司以国民立场，凡所规划，无不以国利为前提，故国防所需而为本厂能力所能准备者，均合并附带筹备。现在工程将近告成，支出渐形紧迫，且为顾虑国防急需，添置设备所费不赀，从前预算颇多出入，预计截至开始试工，相差资金约二百万元，至于出货之后如何避免外货倾销，尤宜先有筹划。兹就事势需求，务恳俯赐实行维护，其要项于下。

一、公司兴办硫酸铔厂资本，其一部分即五百五十万元系由银团息借而来，其利息每年三十八万五千元，原指碱厂收益支付，近来碱价因世界不景气，竞争激烈，愈趋下落，加以北方情势如此，公司处境极难，实无余力负担，应请从支用银团借款之日起算，准予保息五年。

二、公司所缴机器及建筑钢料进口税，约四十万元，务恳以奖励形式如数返还，以补助不足资金之一部分。

三、本厂制品计有合成安摩尼亚、硫酸、硫酸铔、合成硝酸、硝酸铔、硝酸石灰、硝酸钠等，原料则有硫黄、烟煤、焦炭等。恳予仍按公司碱厂成例，从出货之日起算，确定免除一切税款三十年，以杜外货倾销之危险。

四、铔厂与津浦衔接之铁路支线，既荷勘测，尚祈迅赐施工，俾与本厂工程并进。

以上四项皆此事业根本所关，中国化学工业在短期间能否独立，当决于公司两厂之成败，责任可谓至重。从前碱业既荷政府育成，硫酸铔工业复为政府所倡导，今幸建造已有眉目，百尺竿头，切祈迈进一步，国家百年长计所关，非仅一业之消长也。谨略述颠末，伏祈迅赐批示，无任感祷。谨呈
行政院院长　蒋、副院长　孔

永利化学工业公司总经理范锐具

住处：南京下关鲜鱼巷四十号

永利化学工业公司驻京办事处

铺保：久大精盐公司

廿四年十二月廿三日

公私合营永利久大化学工业公司历史档卷（永利案卷顺序号191）

为筹设新碱厂呈实业部转呈文

谨密呈者：华北激变，中国惟一国防基本化学工业行将毁灭，恳赐维护以存命脉事。窃维纯碱制造，在工业先进国已感举办不易，公司苦斗十余年，投资数百万，始告完成，世界同业叹为奇迹。"九一八"以还，备受威逼利诱，苦心支持，仅免丧失，今后愈不易为力矣。碱厂机器设备多属本厂创造，数十专门员工，皆由公司自力养成，处境如此，人各自危，势必陆续星散，纵暂时不遭意外，亦必无法维持工作，殊堪忧虑。吾国国防建设刻不容缓，设已著成效之事业听其毁灭，熟练之技工听其改业，损失重大无过于此。为今之计，莫若从速择南方相当地点，筹设一新碱厂，庶事业命脉不至中断，技术人员有所归纳。惟兹事体大，必赖政府维护，始能着手，进行方针大致如后。

一、新厂地点。纯碱以食盐、灰石、煤、焦为主要原料，尤以用盐之量为最大，每百斤纯碱用盐约二百三十斤，中国除沿海各省，尚无大量食盐出产，四川虽有盐井，似亦不敷制碱之用，为策安全并兼顾食盐来源，新厂决设于安徽省界芜湖附近。

二、产量及完工日期。预定日产纯碱四百吨，三年完成。

三、资本。共需资本八百万元。

四、须请政府维护之事项：

甲、时局严重巨额资金筹措匪易，公司能力尽量可筹得五百万元，应请俯赐补助金三百万元。塘沽碱厂设被迫停工，公司即自行毁灭，不以资敌，此项财产损失不下五百万元。万一沽厂能维持至三年新厂出货之后，不生根本变化，所蒙政府赐予之补助金，决仍按年摊还。

乙、工业用盐免税，财政部已有专章，本厂用盐应请准予照章免税。

丙、公司成品免税一案，新厂亦请明令准予有效。

事机迫切，能早一日定计即早收一日效果。碱业关系国防经济，为化学工业之母体，吾国幸已有基础，及今猛进，命脉尚不至中断。谨述计划大略，事关国防工业，伏候转呈国民政府军事委员会委员长批示祗遵，无任感祷。谨呈

实业部部长　吴

12

永利化学工业公司总经理　具

中华民国廿六年八月一日

公私合营永利久大化学工业公司历史档卷（永利案卷顺序号619）

为创办模范食盐厂呈四川盐务局转呈文

为遵命创办模范食盐厂，恳予转呈财政部盐务总局核准批示遵行事。窃维自贡盐产，自昔著名，西南亿兆民食，赖以永久支持，其在国民生产经济之地位，可称极其重大。只以僻处内地，输运艰难，遂至故步自封，自成风气，识者辄引为遗憾。慨自抗战以来，沿海盐区横遭残挫，民食国课，在在堪虞，际兹危局，在政府惟有倾全力开发川盐以应急需，而在川盐业者，尤应善用时机，弃旧从新，提高效率，为本身事业前途确立所以自立之道。

钧长明达，谅具同情。公司经营盐业历二十余年，于制造技术略窥门径，受难之余，不甘自馁，猥以改善川盐技术相督责，公谊私情，自当谨从。兹决就钧长指定之张家坝地方，购置厂基，创设模范食盐厂，聊尽绵薄。查自贡各厂，现皆苦成本过高，其故由于拘守陈法，未计及效能，目前要务，无若将锅釜炉灶乃至取卤、燃烧诸设备，择其轻而易举者，先行改善，逐渐进展，庶于地方人力物资，不至相差太远。在欧美工业先进国，原不乏效能最高之制盐装置，似非急切所能仿效。公司模范食盐厂本此见地，只采用钢质平锅、新式炉灶，以煎造花盐为主，随时将花盐之一部分，利用机器压成一定重量之巴盐，以便外运。经此初步改良，成本当可望减轻若干，盐质亦必比旧法优美，殆无疑义。预定暂以年产百万市担为准，秤放推销，概遵川省行盐定章，其济销省外或受省外同业定购者，均随时呈请核示，但无论产销，公司概不请求专利，俾便公开。图始最难，并愿于创办之初，对本省同业以两事相约，期与合作。

一、本厂制造技术可尽量公开，听凭同业仿效。

二、设同业间有以兴办盐厂之设计工程相委托者，本厂于双方契约之下，久为负责代办。

川盐改进，条理万端，在公司可能为力者，只在将技术公开而推广之。惟川盐所以不能发展原因，技术之外，厥为交通不便与燃料供给之不自如。譬如从自流井到邓井关之水道，乃运盐所必经，计程不上一百余华里，动辄非半个月不能达，大水期间宜若可以畅通，而事实竟相反，且须停运。制盐机器材料，概须从重庆经由公路运来，而公路桥梁载重力不够，搬驳徒费时日。瓦斯、烟煤为煎盐主要燃料，一则滥费无节，影响正用；一则来源无多，阻碍增加盐产之实行。凡此皆非民间力量所能补救，然非急加调整，纵技术稍有改善，仍无裨川盐全局。钧长管榷盐政素具热忱，当必尔有成竹在胸，岂待缕陈，惟时机迫切，深望迅拨巨款，限期改善交通，燃料之供求今后力求合理化，与技术改进相辅而行，收效必极宏大。抑尤有进者，川盐增产在战时固为绝对要图，然当顾虑战后海盐复活，川盐将何以自处，否则必再蹈从前限产之覆辙，商灶更加痛苦。故公司主张在增产期间，即注重开辟工业用途，如提倡制碱工业，即其一例，非仅川盐永久不患过剩，且趁此为川省化学工业建立始基。一得之见是否有当，谨候酌裁。所有遵命创办模范食盐厂方案，特呈梗概，恳赐转呈财政部盐务总局核准，批示遵行，毋任感祷。此呈

四川盐务管理局局长　缪

久大盐业公司总经理　范

公私合营永利久大化学工业公司历史档卷（久大案卷顺序号31）

战场般的久大精盐公司

久大自从民国三年照着政府颁布的制盐特许条例产生以来，到现在已经有十四年的历史了。这过去的十四年中，真是没有一天不是和环境的恶势力奋斗！久大的事说起话长，完全不是做买卖，简直是打仗！不过我们的战士，从来没有投过降，虽觉太苦，到还痛快。以前的事，将来有机会，一件件地记出来，这回先把本年上半期的经过撮要报告。

上年十一月四日，奉军三、四方面的军队忽然异想天开设了一个京榆一带芦盐食户饷捐局，要征收精盐饷捐，不管销在什么地方，一概要收两块钱一担，来势汹汹，不可理喻，只好停工停业等着他们自然的消灭吧！这是彼此极痛苦的顽意，在我们不过实验了一次"予及汝偕亡"的古训罢了。彼此相持，一直到四月二日才接着北京盐务署的令文说："查出口精盐饷捐，现已由本署与各方面商洽，准予免除。"真亏了他商洽啊！做官也实在不容易，他敢冒险和军人商洽免税，其胆识也真超人一等啊！我们既得了这样隆重的保护，生怕辜负了，所以四月十五日就先恢复了工厂一部分的工作；但是工是复了，业还不能复，中国的事没有这样顺理成章的！从前国民政府未统一北方以前，北方的盐不许运销到南方去，如果定要去，就得再缴一笔税，换句话说，简直不承认在北方所缴的税！在那南北对立的时候，也实在是势逼处此，不过在北方的公司苦了。幸而北伐告成，七月二十五日就接着长芦盐运使署的训令说："前因北盐南销有资敌以粮之嫌，曾定有精盐特税办法；现在统一告成，准仍照向章纳税。"还有财政部训令各盐务机关各海关的文也说："本部前以精盐产自北方，北税南销，不啻资敌以粮，特订征收精盐特税临时办法，以资取缔，业经通令遵行在案。现在南北统一，轸域无分，前项特税自不适用，应即取消。所有行销各岸之精盐，一切仍循向章办理。"遭了七个多月的干旱，总算得到了甘霖。公司的同事大家就有事忙了，好在还有几个月，鼓起勇气干一下还不为迟啊。

（原载1928年9月20日　第1年第1期《海王》）

抗战前的艰苦创业

章执中

范旭东幼年失怙，随母谢氏和兄长范源廉到长沙城内定居。范母既无祖遗之业，又无亲朋相助，在贫困处境中，曾一度投身保节堂，靠那个"慈善事业"机关的供养度日。范源廉长范旭东四岁，他与蔡锷同时就学于清末维新派人物梁启超主讲的时务学堂，兼理学堂事务，半工半读，以资赡养老母和培育幼弟读书。

范旭东在兄长提携下，读了几年私塾，于一九〇〇年去日本留学，在日本京都帝大毕业后，留校担任专科助教。这时，他与我的姨母许馥结了婚。许馥是一九〇五年由我外祖母带领去日本以官费留学，在东京青山实践女校附设师范班学习的。

一九一一年辛亥革命爆发时，范旭东偕妻归国，在北京与母亲和兄长等团聚。辛亥革命后，民国政府把当时流通市面铸有"龙洋"图案的银圆改铸为袁世凯半身像的银圆。范旭东被派到铸币厂负责银圆的化验分析。这是他初次也是最后一次担任官职。当时规定每枚银币的重量为七钱二分，纯银含量为96%，可是铸币厂偷工减料，从中贪污，擅自降低纯银含量。范氏发现没有一次取样符合规定标准。他向上级反映，要求回炉重铸，未获支持，一怒之下便辞职了。他说："我一次就饱尝了官场腐朽的滋味。这样也好，使我另辟途径，自谋出路。"

范氏离职不久，其兄源廉出任北洋政府教育总长，随即为乃弟找到一个赴英、法诸国考察实习的机会。时值第一次世界大战爆发前夕，英、法、德等国工商业已大发展。范氏以考察盐务为主，兼及制碱化学工业。当时国外制碱主要有两种方法，一为路布兰法，以芒硝（硫酸钠）为原料制碱；一为苏尔维法，以食盐（氯化钠）与石灰石为原料制碱。苏尔维法的成品纯度高，为用户所乐用，畅销全世界，故在技术上专利垄断。范氏在英、法、比等国考察用苏尔维法制碱的工厂，多次碰壁，没能进入现场，仅在英国卜内门碱厂，参观了锅炉房。这对范氏是一莫大的刺激，使他原来在日本求学时所树立的自力更生、奋发图强的创业思想，变得更为坚定了。

1. 久大精盐公司

范旭东从欧洲考察回国，得到有关当局的支持，首先着手在直隶省宁河县塘沽筹办久大精盐公司。当时，帝国主义列强为了监督中国税收，收回战争赔款，规定设在各通商口岸和各省省会所在地的海关监督和盐务稽核处总稽职务，均由外国人充当，以控制关、盐两税，按期收缴并存入外国银行。列强在上海等通商口岸开辟租界，利用这化外之区，搞非法走私食盐牟利，抢占我国的食盐市场。加之我国长期以来实行的"引岸"制，食盐运销由官商合伙垄断。范氏在盐业实行革新，自制精盐，困难重重。他与担任过盐务署长的景本白合作，向政府提出了成立久大精盐公司的申请。消息传开，虽遭到盐商的反对，社会舆论却极力支持，当局不得不予批准。

当年，决定久大创办之初，集资仅五万银圆。十年后，股本扩大到二百五十万银圆。公司由景本白任董事长，范旭东任总经理。创办时范本人及其在亲友中募集的股本大致与景氏相等。但增资扩充后，湘籍股本激增，其中如蔡锷将军即投入十万元。此外，如黎元洪等，亦占有一定股份。

久大精盐问世后，深受消费者欢迎，业务发展极快。各地经销分店只做批发，不做零售，随运随销，获利可观。大约开业后两年中，股东除领取股息外，还分得相当于股金两成至三成的红利。范氏因此赢得股东的信任，成为民族工商业界崭露头角的人物。但与此同时，盐商在其政治代表人物支持下，集合他们的朝野势力，经年累月与久大纠缠诉讼，初则企图连根拔掉久大，以便他们卷土重来，垄断盐业；继则挟其雄厚经济实力，与久大争夺市场。盐商经营运销的同业联合组织为"淮商公所"，范氏与经营精盐的同业组成"精盐公会"与之对抗。景本白出任第一届"精盐公会"会长。

2. 永利碱厂

永利碱厂设在塘沽久大盐厂旁，创办于一九一七年。开始建厂以前，范旭东曾在天津寓所井院内，根据苏尔维制碱法试制纯碱，取得九公斤的纯碱产品。这对范氏是一个极大的鼓舞。为了早日向市场提供纯碱产品和扩大原料来源，范氏曾派出以李烛尘为首的考察团到内蒙古、青海、宁夏等省区天然碱产地进行考察，企图与地方合作，共同采露天矿田，运到天津提炼纯碱。考察团带回了天然样品和现场拍摄的照片多帧，以及开发方案。但终因当时军阀割据，交通不便，困难太多而作罢。

当永利碱厂开始筹建，向政府申请注册立案时，定股本总额为一百万元（当时这个数目是惊人的），其中半数由久大以法人身份认股，另半数公开募集。金城银行总经理周作民与范氏为留日同学。久大创业，筹集资金，申请批准立案等事，多赖周氏从中筹划协助。永利初次集资四十万银圆及以后增资招股，周氏均全力相助，除直接投资外，并出面动员其他人认股，从而使金城等银行与久大、永利两公司结成密切关系。

永利碱厂与久大盐厂相毗邻。据范氏后来回忆说："当我初到塘沽助选久大厂址时，看到一望无涯的长芦盐滩，洁白的盐粒在阳光下闪闪发光；又见到石灰石岩遍地皆是，感到资源丰富，可以就地取材，实为创设碱厂的适当地点。"

当时，我国化学工业尚处于萌芽状态，要自力更生地掌握制碱技术，所付出的代价是很大的。范旭东回忆这段奋斗的历程时说：由于我们未掌握碱性对钢材的腐蚀作用，采用钢管作传送碱液的管道，因钢管不耐碱液腐蚀，经常损坏，随补随漏，影响设备运转，以致生产无法正常进行。后来，他下决心将价值十余万元的钢管全部拆除，改用耐腐蚀的生铁铸管。为了吸取这一教训，他将拆卸下来的几条钢管，请工人做成一张桌子，置于自己的办公室中，以警惕因自己无知所造成的损失。

经过十年的艰苦奋斗，永利碱厂不仅生产了碱（最高日产二百吨），而且培养了一批制碱技术骨干，如许滕八、张佐汤、郭锡彤、李祉川、谢为杰、章怀西、鲁波、刘嘉树等。后来，范氏总结创办碱厂的经验，认为用苏尔维法制碱工业的规模不宜过小。永利碱厂原定规模只日产五十吨，在技术上和经济上都不符合客观要求，既影响生产的发展，又因产品成本高，难于适应市场竞争。

在未突破制碱技术以前，范氏为了维持这个企业，曾在不断增加基建投资方面煞费苦心。首先是运用久大盐业公司每年的盈利积累来调剂抱注，但远远不敷需要，还需设法贷款。由于永利碱厂长期不能生产自给，信用未著，难以用永利名义对外借贷，只好用久大名义向银行借钱。其中支持范氏最有力的是金城银行总经理周作民。永利通过久大向银行透支的金额超过久大和永利两公司注册资本总额的半数。这种信贷，在当时金融市场上是少见的。久大董事长景本白对此不以为然，向范氏提出质问，并辞去董事长。周作民继任董事长。两公司的董事会改为总经理制，推举范氏担任两公司总经理。

在永利碱厂的工艺技术过了关，生产逐步正常以后，范旭东又努力为国产纯碱打开向来为"洋碱"所垄断的我国市场。他原想用分布各地的久大营业机构兼销食盐和纯碱，但因销售对象不同，业务各有特点，难以适应，不得不改变办法，除在上海市租界内设立久大、永利联合营业机构外，又在南京、汉口、长沙等地单独设立永利营业机构，以供应长江流域的肥皂、玻璃、搪瓷等工业用碱。湖南锑矿很多，冶炼锑氧、纯锑耗碱量大，为了使永利的"红三角"牌纯碱夺取卜内门"洋碱"在湖南的市场，永利在营业上采取赊销的办法，获得用户的欢迎。为了打开国际市场，范氏早在一九三〇年间利用日本财阀三井与三菱之间的矛盾，委托三井贸易商务株式会社作为在日本销售永利纯碱的总代理，打入日本市场。同时在香港和广州两地设立业务机构，让前者作为永利纯碱进入国际市场的窗口，后者作为该厂在华南地区推销产品的基地。在我国，范旭东首先用"纯碱"这个新名词，代替了"洋碱"这个旧名词。国产永利纯碱所用商标是在一个化学实验的烧杯图案内，加上一个红色三角形。这个图案象征纯碱在生产工艺过程中，同时有气体、液体和固体三相的直接反应，它是苏尔维法制碱工艺技术的特征。

3. 开办青岛永裕盐业公司、汉口信孚盐业运销公司、连云港久大大浦制盐分厂

在永利碱厂艰难创业的过程中，范氏为了摆脱公司在经济上的压力，仍寄希望于发展盐业，积累资金。一九二六年至一九二七年，先后在青岛开办永裕盐业公司，在汉口开办信孚盐业运销公司，以生产和销售青岛的海盐为业务。永裕公司是范氏通过外交途径，从日本人手中收回我国主权的一个企业。日本是个岛国，海疆沿岸鲜有滩头，不能利用海滩晒盐，其民食和工业用盐长期依赖我国供应，因此，日本趁第二次世界大战机会，从德国手中夺得青岛一大盐滩。战后日方被迫交还，范旭东以付给日本一些补偿费，每年向日本输出一定数额的免税工业用盐为条件接手经营。范旭东为此成立了永裕盐业公司，请刘㧑三、任致远主持公司的业务。

汉口信孚盐业运销公司是为内销青岛永裕公司的产盐而设立的。

一九二六年，国民革命军北伐进入长江流域，武汉成为北伐军前敌总指挥部驻地，国民党政府也由南昌迁到武汉。谭延闿以第二军军长代理国民政府主席，财政部和中央银行则由宋子文主持。我父亲在辛亥革命后谭延闿出任湘省都督时，曾与留学日本的周砥青共同筹办并主持湖南省银行，与谭等有过交往。这就为范旭东与武汉政府取得联系提供了方便。当时因战争影响，航运不时受到威胁，鄂、湘两省贩运食盐困难，直接影响民食，间接对靠税收维持军政开支的国民政府也增加了压力。我父亲到达汉口后，通过谭延闿的介绍与宋子文见面商谈，拟将青岛永裕青盐远销武汉，以供民食且利税收，获得宋的同意。但他提出一个条件：要先垫缴盐税，才能批准立案。几经交涉，最后达成协议，由信孚公司先筹缴盐税一百万元，以后在运销的青盐数额中扣除已缴税款归垫。从此，信孚公司利用青岛属于租界化外之区的便利，不再向濒于崩溃边缘的北洋政府缴纳盐税，而在青岛将青盐交外商货轮直运武汉，或经上海租界转运武汉，避免沿途关卡检查，然后再分途运往沙市、宜昌与常德、岳阳等口岸销售。一九二七年上半年，大约运销青盐近三十万担，基本上补充了因受战争影响而在市场上出现的食盐短缺，对支持北伐战争起了一定的作用。

一九三〇年，为了扩大精盐生产，范氏在江苏省连云港又开办了久大大浦分厂。该厂取当地海水制成精盐，建设颇具规模，除设有制盐工厂外，还自办发电厂。所产的精盐，由海道运交久大各分支机构销售。主持这个工厂的是湖南的唐汉三和贵州的杨子南。唐、杨两人均系早期留学日本高工的技术人员。当时连云港尚未建成，陇海铁路也未延伸衔接，久大大浦分厂在苏北临海荒原上，犹如一颗明珠，受到人们称赞。一九三七年抗日战争爆发后，唐、杨两氏率领职工撤退到四川自流井重新建厂，继续生产。

4. 创办南京永利合成氨厂[*]

永利碱厂生产正常，营业发展，一九三三年盈利二百万元。范旭东又打算兴办一个合成氨厂。得到上海金融界的著名人士，如上海银行陈光甫，盐业银行吴鼎昌，浙江兴业银行徐新六，四行储蓄会钱新之，金城银行周作民，中国银行张公权，交通银行胡笔江等的支持。特别是上海商业银行副总经理邹秉文，积极为之奔走，出力最多。永利自筹资金三百万元，由各银行成立一个财团，承购永利发行的公司债（即不作为公司股本的一种贷款方式），筹集资金五百五十万元。发行公司债，这在国内还是一个创举。宋子文曾企图利用永利筹集资金筹建合成氨厂的机会，打进永利内部，控制这个企业。他向范氏暗示，如允许他出任永利董事长，他私人所拥有的中国建设银行公司即可承担全部投资，不必再由其他银行组织财团承购公司债了。范氏几经考虑，终于拒绝了宋子文的投资，使永利这一民族工商企业未陷入官僚资产阶级的圈套。

该厂厂址位于南京下游四十华里的长江北岸六合县境内的卸甲甸。范氏为选择此地建厂，曾亲自考察几次，然后才圈地四万多方丈，备价收购。

合成氨厂的技术和设备须从美国引进。为争取按期建成投产，范、侯两人做了分工：范在国内掌握全局，侯在美国负责为选择技术订购设备，进行谈判。同时选派一批技术骨干随同侯氏去美国办理有关工程技术事宜，并到同类型的工厂实习。所有对外的合同都委托纽约华昌公司李国钦为代表出面签订。万一对方不履行合同发生纠纷时，有李在美出面交涉，不致使我方束手无策。这样一环扣一环，只用了二十六个月的时间，于一九三六年便建成了永利合成氨厂。该厂除向美国引进成套设备外，所有土建和安装工程，都是根据设计要求，自行设计、施工或发交国内其他工厂承包施工的。例如煤

---

[*] 即硫酸铔厂。

气储气柜，就是上海新中华铁工厂承包焊接建成的。为了从远洋巨轮卸下百吨重的合成塔，特在长江边上兴建了一个能容万吨级船舶的码头和一个能吊装百余吨的起重机。这些工程，在二十世纪三十年代的我国，都是罕见的。

永利合成氨厂计划年产硫酸铵五万吨，其中日产硫酸（用按触法）二百吨，硝酸二十吨。该厂建成投产后，填补了我国化学基本工业的一大空白。范氏曾说："我国先有纯碱、烧碱，这只能说有了一只脚；现在又有硫酸、硝酸，才算有了另一只脚。有了两只脚，我国化学工业就可以阔步前进了。"一九三六年十二月，为了表示感谢李国钦对永利这一事业的支持，范氏邀请李氏回国到天津、南京两厂参观，并亲自主持欢迎会，致祝贺和感谢之词。

一九三七年七月底，平津相继沦入日本侵略者之手。在日本侵略者进入天津之前，范氏已令久大、永利两厂职工停产疏散，仅留永利碱厂厂长许滕八、久大盐厂厂长彭久生等少数人护厂。两厂护厂人员于敌人入厂前撤出。连云港久大大浦分厂和青岛永裕盐业公司，也经范氏事先通知撤离。永利南京合成氨厂生产仅九个月，亦于南京沦陷前夕停产，职工按范氏意见向长江上游撤退，后来有二百余人抵达重庆。

另外，范旭东还创建有黄海化学工业研究社。

（原载中国文史出版社《化工先导范旭东》，有删节）

久大精盐公司的成长

徐 盈

范旭东立志改革盐政，肇始于一九一二年。当时，在其兄范源廉的援引下，他随同一批理财官员到欧洲，考察过欧洲的盐政与制盐工业。归国在塘沽登陆时，他看到塘沽的盐坨成山，而盐民却世代承受引岸制度的压榨，穷困到无法生活。范旭东认为中国盐政积弊必须整顿，长期以来灶户贫困"富归盐商"且食盐紧缺，盐质粗劣的状况也必须改变。

范旭东在荒凉的塘沽买下了一块曾被帝俄占领过的土地，他自称为中国的化学工业开辟"耶路撒冷"。一九一四年的下半年，范旭东在塘沽的一个渔村小屋里，开始做制造精盐的试验。这个消息传出后，使死寂多年的"盐糊涂"掀起了空前的波澜。范旭东倡议创办久大精盐公司炼制精盐，遭到世袭吃盐饭的盐商反对，诅咒它"不久不大"，但也得到一批盐官的支持，他的事业之火，才未被扑灭。

久大精盐公司成立之初，资本只有五万银圆。当时是由张謇、梁启超、范源廉等赞助下集股的，蔡锷也是较大的股东。董事长由财政部的盐官、办《盐政杂志》的景学钤（本白）出任。那时精盐制造的第一步就是使用平锅再制粗盐，为此出现了第一批制精盐的平锅，掀开了中国制盐技术史上新的一页。从此各地也办起十几家精盐工厂，精盐工业在国内各地普遍开花。

久大的精盐工厂设在塘沽，公司设在天津，分销店遍于南北各省。所用粗盐原料除仰给于滩户外，又自购盐滩数处，才算站稳了脚跟，精盐销路虽受限制，但行销极旺，获利甚厚。

久大精盐公司在第一个十年里，与新旧盐商有斗争、有联合，据长芦四沽代表四十二户灶户的灶首张文洲回忆说："一九一六年，我在长芦盐运使段永彬的批准下，在宁河县汉沽附近大神堂，以利海公司名义投资，开辟了新滩六副。久大精盐公司成立以后，经过段芝贵（段永彬是他的三弟）的介绍，我将利海的六副盐滩出售给久大，又订立了长期合同，指定盐滩十九副（包括我家九副）全部供给久大原盐。时价每包四十元，我们降为每包三十八元，但还是供不应求。""芦纲公所总纲李赞臣大为恼火，从中破坏，不准灶户四十二家供给久大原盐。又经新盐运使张调宸，有意将此四十二家原盐转供河南境芦纲襄八公所。这时，另有灶户李少堂，愤将自备盐滩十副及房屋设备，以十万元售与久大，使其生产不虞匮乏。"

久大精盐公司未被扼死于襁褓之中，从此自有盐田二千余亩，原料（粗盐）无缺，脚跟站稳，不怕芦纲公所的撒手锏了。

一九一六年，久大的赞助人梁启超出任北洋政府的财政总长和盐务署督办。这一年，久大精盐打破禁区，进军长江，指向有一亿一千吃盐户的淮南四岸。当时两湖盐荒，已有十八家精盐商号在沿江的长沙、岳阳、湘潭、常德等地做小量试销。一九一八年，范旭东把在汉口的十八家精盐商号组织为汉口精盐公会，实现了"精盐联营"，由谭延闿的老友萧豹文等出面，促成烟台通益精盐公司的黄文植担任会长。发动湖南、湖北各县商会向省议会请愿，要求运精盐济湘济鄂，为久大精盐打开了新的市场。一九一六年至一九一八年，久大在天津的精盐工厂，由两所扩充为四所以至六所。一九一八年，久大公司接收了德国在塘沽的铁道支线，收买了沿海河的俄国码头。就在这一年的一天，范旭东曾在南京沿江大饭店的楼顶上，放着鞭炮，迎接在塘沽码头装上久大精盐的怡和公司英轮驶进长江口，向着武汉等埠进发。以后，又将姊妹公司青岛永裕的精盐陆续济湘，声势就更大了。

一九二〇年，范源廉再任教育总长，对久大公司的发展更为有利。久大公司利用汉口精盐公会的力量，打开两湖销路后，跟着又在九江组织九江精盐公会，被淮南四岸的旧盐商视为劲敌。但是在当时赣北镇守使吴金彪的弟弟吴朗山支持下，九江另设九江精盐查运所，名为"查禁"精盐，实则为精盐统计销数，一次就倾销精盐四千余袋，久大逐渐取得了淮南四岸的半壁江山。

一九二二年，北洋政府收回日本在青岛的盐田，范旭东以八十万元得标，与山东盐商组织永裕盐业公司，下设永大、裕大两厂。永大承办十九所制盐工厂，裕大则承办收回的盐田。当时日本产盐有限，年仅十兆担，但消费量平均年达十五兆担。欧战时，日本占领青岛，扩大盐田，每年向本国输送大量的食盐。这次盐田被北洋政府收回时，双方商定由中国每年向日本输出青盐三百万担。从此，永裕盐业公司得北洋政府的批准，成为青盐外销的专商，取得我国盐产输日的供应权。

久大精盐公司，经过与旧盐商的一场血战，到一九二五年已发展成为中国最大的精盐企业。年产量由最初的三万担增至五十万担，约合三万吨。资本由原来的五万元增至二百五十万元。

一九二四年，第二次直奉战争，塘沽成为军事必争之地，长芦盐运使张廷谔假直系吴佩孚的势力勒索久大，生产冻结，直到冯玉祥班师方告一段落。次年，奉系直隶督军李景林会同直隶财政厅厅长郝鹏、盐运使张同礼在天津绑架范旭东。范被拘禁在所谓兵灾善后清理处内，由前大总统黎元洪（久大的一名股东）亲自出面排解，由久大缴出八万元才得获释。是年，新旧盐商斗争更趋激化，景学钤在北京《实事白话报》发表《真不可解》一文，宣传精盐，指责旧盐商公开掺土售盐，迫使国人成为"食土民族"。淮盐引岸旧商则在上海《密勒氏评论报》发表《盐政之危机》，反对精盐，抨击久大公司"增加产额，冲销四岸"。当盐务署新盐官被迫修订公布"精盐条例"后，对久大公司增订了"年产万吨"限额。英国驻华公使会同盐务稽核所英籍会办封闭长芦盐坨。欲以英国海军封锁港口，阻止盐船出港外运。景学铃在《盐政杂志》继续著文批评盐务稽核所英籍会办韦尔登是中国盐商的官僚，该所是"年糜三百七十万"的"丧失国权之机关"，呼吁撤销盐务稽核所及其在各省的分所。

一九二八年，奉系军阀褚玉璞在塘沽成立"京榆一带盐食户饷捐局"，对久大公司运销外埠的精盐每担征收饷银二元，比盐务署对工业用盐征税章程抬高十倍，于是久大公司停工停运达半年之久，以示对抗。

一九二九年，久大公司的精盐打进上海酱油市场。当时全国精盐总会秘书长、酱业公会特别顾问钟履坚提出"打破酱业的引岸制度"，呼吁为上海酱油减轻盐税，以便通销全国。这就成为久大精盐打进酱油业及打碎引岸促成产生新盐法的导火线。范旭东在南京组设全华酱油公司，让全国人民吃到好酱油，同时还要为盐制品打开新销路，抵制日本酱油在华倾销。后来，上海市场虽未打进去，但全华酱油公司制造的固体酱油却遍销国内。一九三一年，国民党政府公布新盐法，四大家族出面大搞变相的新引岸，以统一财政为名，达到集中力量打内战的目的，同时也不得不允许新兴势力打入淮盐引岸禁区，创立新兴盐号。当时，久大公司由永裕职员王文达向两淮盐商另起牌号购得引岸盐票，在汉口成立鼎昌盐号，取得粗盐承销权利，范旭东在这年一次久大公司股东会上说："淮盐引岸，近年已多改革，政府在淮盐地区极力提倡自由行销，特许新商营运淮盐。公司今后营业范围，应稍事扩大，各岸粗盐如其有利，亦当兼营，以减轻精盐负担。""九一八"事变后，为防备战争，久大公司在江苏省大浦设精盐分厂，预留退步。此时，久大公司在沿海有盐田十万亩，年产盐四百万担，全国人口以四亿计，平均每人可吃久大一斤多盐。

一九三六年，久大精盐公司南迁改名。范旭东在天津召开的最后一次股东会上说：

> 首都南迁以后，政府重视两淮地区盐务……精盐相形见绌自难与争……由塘沽运精盐行销长江，以后恐只能维持现状，一时决难望再有多大发展，……公司营业既百分之九十五在长江，故决定呈准盐务署，将久大精盐公司改名久大盐业公司，并将总店由天津迁往上海，董事长改由周作民（金城银行总经理）充任。

一九三七年抗日战争爆发后，久大公司的经理李烛尘率领一部分人员转往四川自流井，重新建立新式盐厂。当时，国民党政府实业部对久大公司给予补助，计有四项规定：一、特许该公司在南方添设新厂，所有用盐免税及成品免税均授照该旧厂办理；二、旧厂如有自行毁灭必要发生时，新厂建设费，政府准在补助保息预算下，每年补助一百万元，以三年为限（这笔钱已经领到）；三、旧厂如无自行毁灭必要时，仍照第二项办理，但自第四年起，该公司应按年退还补助金，每年五十万元，分六年还清；四、上项特许利益，自该公司新厂计划呈复核定施行时，分别给予。久大公司接受这项补助，便开始内迁。

新建盐厂设在四川自流井的张家湾，经过五个月的筹备，于一九三八年的"九一八"开始煎盐。在川康盐务局缪秋杰的支持下，与当地盐商商定年产不超过六十万担。第一年月产只一万七八千担。以后因卤水不济，产量逐渐减少。第二年自设晒卤台，试行枝条晒卤，节约能源，增加产量，开创自流井盐场新纪元，并用黄黑碱水中的卤巴试制多种副产品，同时试验制盐砖。

一九四二年，国民党政府又以"盐专卖"名义，以官僚资本代替引岸专商，明称"民制、民运、民销"，实则"独占盐业之特殊待遇及权益"。新成立的盐业单位有：国民党中央党部的永业盐号；宋子文设的安益盐号；以二陈为后台，由中国农民银行组织的中和盐号；与孔祥熙有关的大有盐号；与何应钦有关的利民盐号等。他们继承了旧盐商的陋规，竞相从两"余"（即淮盐的"耗余"与川盐的"息余"）中获得厚利。所谓的"自由运销"，是由这一批新专商一手包办起来；旧引岸的"盐胡涂"换汤不换药，依然还是新盐法底下的"盐糊涂"。范旭东团体还是他们的对立面。

一九四一年，太平洋战争爆发，范旭东由香港脱险回到重庆，永利公司举行庆祝会。范旭东说：

> 我马上开始工作，希望同人各守各的岗位，少谈方法，多做实事，向前努力，把我们的事业做成一颗民族复兴的种子。

（原载中国文史出版社《化工先导范旭东》）

从盐堆里走出来的永利制碱公司

　　永利的发起，是在民国六年春间。当那个时候，人们都替我们捏着一把汗，这个事业确乎是难办，但是为时势的要求起见，我们不能因为难办就不办。挺着腰，鼓着勇气，打破了无数的难关，现在居然成功了。永利的成功虽说是事在人为，归功于人力，但是得到自然界的助力亦复不少。制碱的主要原料是盐，长芦区内产盐从古以来就赫赫有名的，几十年的老盐囤积如山，盐民千方百计没法销纳。永利就在这个囤积如山的盐堆里，建筑了一个占地百余亩的工厂，黑夜里，白天里，不住地替盐民销纳了些千方百计没法销纳的物产，真可说是一举两得。还有像煤炭、灰石等原料的产地，恰好和偌大的盐堆距离不远，水陆交通又便，搬运起来，既省了时又省了费。只是用盐造碱，在这工业幼稚的中国毕竟还是一件创举，要和那来势汹汹原料盐免了税的舶来品竞争销场，仍是不易立脚！幸而政府当局有明白个中情形的，也有知道要振兴国家实业应该先从提倡国产纯碱着手的，当发起的那年十月里，就毅然批准了免除原料盐的税。到民国十二年的四月，又批准了免除制品的厘税。在得到自然界助力以外，又得到了政府的赞许。所谓"天时""地利""人和"三大要素，都凑合起来，还经过了十年的风雨寒暑，才成功这个结晶品。我们回头一想永利过去的路程，更不能不宝贵永利将来的路程。"创业难，守成亦不易"，古人就是这般说。我们还要继续努力啊！

（原载1928年9月20日　第1年第1期《海王》）

永利碱厂的艰难奋斗史

陈调甫

筹备时期

纯碱（碳酸钠）是玻璃、造纸、纺织、染料、有机合成等许多化学工业的基本原料之一，亦是馒头、油条等食品发酵的必需品，其重要性与硫酸并驾齐驱。一国工业的盛衰，可以酸碱的产量多少为其指数。昔年我们各方面所需的纯碱，除一小部分称为口碱的天然碱从张家口运往各地外，绝大部分都是依赖英国卜内门公司输入的"洋碱"供应市场。

第一次世界大战时，英货中断，碱价猛涨，苏州瑞记嗬水厂厂长吴次伯认为有利可图，邀我同王季同（小徐）利用该厂的碳酸气，用氨法试制纯碱，得到满意的结果，时为一九一七年秋季。

试制成功后，吴次伯同我携带了样品，到南通访问主张棉铁救国的张謇（季直），劝其提倡用苏北的盐设厂制碱。他未置可否，但同我们说："要举办大事业，必须痛下决心，预备吃苦。我办纱厂，有一次机器已到上海，因缺乏资金，搁浅在码头上。我对着机器踱来踱去，一筹莫展，惶急万分，走投无路。"这几句话深刻地描绘了当时企业家的痛苦，后来我们确确实实屡次尝到这种滋味。

南通之行没有结果，吴次伯又想利用长芦的盐，到天津通过潘子欣的介绍，访问了范旭东。范亦是热心碱业的人，他在日本京都帝大化学系结业后，曾到比利时与苏尔维碱业公司作过联系，未能成功，回国后先在塘沽办了久大精盐厂，为将来制碱树立基地。他同吴晗谈之后，即决定组织起来，创办碱厂。

吴次伯函促我与王小徐北来。我们于一九一七年冬季到津，在津屡次座谈，参加者有李穆（宾四）、张弧（岱杉）、景学钤（本白）、潘志惜（子欣）等。大家认为我们用南方的盐做的碱虽然不错，改用北方的盐，能否合用还有疑问，因此我们决定再做一次较大的试验。由王小徐绘了草图，交万有铁厂制成一套小机器，还造了一座三米多高的石灰窑供给碳酸气，在当时日租界太和里范旭东家中建设起来。开工试制多次，大家认为满意。

试验完毕后，王小徐因是电学专家，对于机电事业有兴趣，无意投身化工事业，不久南归。我同范旭东到塘沽参观久大精盐厂，该厂规模不大，用敞锅熬盐，一对小烟筒，高不过十米，如蜡烛然。我问范：为什么不做一大烟筒？他说：因急于出货，且塘沽土壤载重力低，恐有问题。

久大的试验室，仅两丈见方，只有章舒元一位技师。范同我在室中促膝谈心，他劝我把制碱的技术责任负担起来，共同奋斗。我说："我能力薄弱，要我担负此重大责任，等于要孩子当家。"他说："谁都是孩子，只要有决心，就能成功。"他又说："为了这件大事业，虽粉骨碎身，我亦要硬干出来。"我大为感动，即相约共同为碱业奋斗。后来我们到厂外散步，看见一堆一堆的盐坨，外面席盖泥封，形如小山，数之不尽。他同我说："一个化学家，看见这样的丰富资源而不起雄心者，非丈夫也。我死后还愿意葬在这个地方。"从这次谈话中，我断定范旭东是一个有雄心壮志的事业家，决定追随他共同奋斗。

试制成功，大家同意办厂。但制碱主要原料是食盐，制碱一担，需用粗盐两担。盐价本贱，粗盐每担不过两角，而政府抽的盐税，则为制盐成本的几十倍。如盐税不免，则碱的成本将超过售价，无法经营，所以我们上交政府，请求准许制碱工业用盐免税。

当时我国是处在半殖民地的时代，盐税又作为对外借款的抵押品，而根据善后借款条约所设立之盐务稽核所，主要控制在英国人手中。我国自办碱厂，将直接影响英商卜内门公司的碱业垄断。他们于是千方百计利用英人掌握稽核盐税的特权，阻挠我们免税的成功，还造谣说什么"海水不能制碱"。幸而范旭东有了破除引岸（旧时代盐商销盐有一定的区域，称为引岸）制造精盐的奋斗经验，又得到各方面舆论的支持，免税一事，经过长时期的奋斗，最后总算达到目的，但反复磋商，为时很久，这个过程是相当迂回曲折的。

闻汇丰银行当时曾借我国财政竭蹶的机会，要挟财政总长陈锦涛将用盐制碱特权给予英商，作为借款的条件。陈拒绝不允，反催促范旭东出任艰巨，速办碱厂。帝国主义用尽千方百计阻挠我们的工业建设，手段之卑鄙毒辣，以至于此。

暗中摸索的设计

我因用盐免税批准问题耗费时日，决定趁此机会去美国进修，后经人介绍到纽约华昌贸易公司访问李国钦，李亦赞成在国内自设碱厂，谈话甚为投机。

当时各国制碱工业，完全为几个大公司托拉斯所垄断，国际间亦有联系，保密极严，重要机器设备均由各碱厂自制。因此创办碱厂，与办一般的工厂不同，无从购置整套的机器，必须自己暗中摸索，自行设计。李国钦介绍了一个法国人杜瓦尔（Duval），据他自称有制碱经验，遂同他订约，委托他设计，我亦参加工作，并供给他一切资料。杜在华盛顿玻璃厂工作，只晚间有些时间可以同他谈谈，工作进展得很慢。我发现他制碱学识有限，大为着急，同李商议在暑假期间请几位留学生协助进行，以促其成。

李国钦介绍侯德榜在华昌公司晤谈，一见如故。我请他来华盛顿共同设计制图，他慨然允诺。后来徐允钟、刘树杞、吴承洛、李得庸等均来相助。

我们在杜瓦尔指导之下，共同钻研，虽有一些心得，但全部图案缺点尚多，经过一个暑假，尚未完成，而大家都要回校上学了。我心中万分着急，到纽约同李国钦商议，李亦非常懊丧。后来与范旭东函商，他复信说：无论如何，一定要把设计搞得完善，多花费些时间、金钱不要紧，塘沽的厂基已买好三百亩，只等你的设计了。

后来又访到工程师孟德（W.D.Mount），他曾任马叙逊碱业公司（Mathieson Alkali Works，Inc.）厂长，以顾问工程师名义登广告，愿代人设计碱厂。我同侯德榜、刘树杞约他在纽约化学师俱乐部晤谈，订约委托他设计碱厂。他索价美金二万元之巨，我们忍痛签字。

孟德从碱厂偷了一套蓝图出来，成为他的资本，照猫绘虎，生搬硬套。他给我一份图纸，我时常同他商议，请他结合我国情形略为变通。他说："修改的地方，你负责，我不负责。"我答复他："我负责好了。"因此，彼此关系搞得并不好。他很想来中国协助我们建厂，但要求巨大的代价，我没有理他。

我曾请孟德介绍到他以前服务的碱厂去参观，他说："我离开之后，还不能再进去，你是外人，万万不会准你去参观的。"我又到过席勒叩斯苏尔维厂（Syracus Solray Co，Inc.）访问老工程师梯拨尔（John E.Teeple）请其协助，亦不得要领，要求参观也不许，仅在厂外冒雪绕了一圈，由此可见碱厂保密之严。

建厂时技术方面的重重困难

范旭东为人俭朴，主张艰苦朴素，我们都本此精神办事，设计完成后，决定凡是可以在国内自制的机器设备一律自制，不能自制的才由国外采购。

在国外采购的第一架机器是一工作母机，即刨光的直径二米至三米、重一吨至二吨多的大铁圈，两端凸缘（法兰，Flange）的机床。这种机床价格很贵，我在广告中见有一架简单机床，是一出售的旧货，同李国钦商议购进。他表示要慎重，恐买了不合用。我因价值低廉，不到正式新机床的1/20，仍决定买下来。至今这架机器还屹立在塘沽铁工车间发挥作用。

在美所购机器，如锅炉、汽机、发电机、压缩机、真空唧筒等，均由范旭东直接汇款给华昌贸易公司李国钦，托他的公司代购。李热诚相助，省钱不少，华昌代我们买机器，只抽手续费2%，要算极低的服务费了。当时欧战方停，美汇价值低落，一美元仅合国币九角至一元，这是一个千载难逢的机会，惜国人能利用此机会举办工厂的不多。

一九一九年我同徐允钟携带图纸回国，与范旭东商议，决定交王小徐在上海所办的大效铁工厂按图制造。该厂开办不久，规模极小，设备简陋。因范钦佩王的为人有学者风度，认为比商人办的铁厂可靠，决定交他负此重任。工作进行中，发生许多困难，例如有时铁水温度不够，大圈铸件砂眼特多，一部分必须回炉重铸。机器不够，利用了我们的工作母机，采用"蚂蚁啃骨头"的方法，费了两年多时间，才把所有机件铸造完毕。

机器制好后，在运往塘沽途中屡次遭逢意外。一次由上海天通庵铁工厂中运往码头，大圈落入河中，费了大劲，才打捞起来。又一次因铸件笨重，放在码头，把码头压坏，当时"法国巡捕房"同我们大起交涉，要求赔偿。机件到了塘沽，卸在太古码头，因没有铁道，运入碱厂极费时间。

碱厂机件除笨重外，有一部分还需堆叠起来，垒成高塔，安装工人缺少经验，又缺乏升高举重设备，大部分依赖人力，慢慢安装，极为费时费力。

南、北两楼的建成，也是经过许多困难波折的。在当时全国还未见过十层的高楼，建筑方面的技师和工人均没有经验，暗中摸索，极费苦心。塘沽土壤的负重力比天津市区更低，又加一层困难。高建筑的设计，由杨宽麟工程师负责，决定采用铺开式的基础。待基础打好后，有人怀疑下部不打桩恐有问题，于是又在基础周围，打了一批板桩，使基础下的土壤不致外流，以保安全。至今南、北二楼还巍然屹立，依旧利用，总算幸事，但与初完工时比较，已下沉两三尺余。

试工中的困难曲折

制碱工厂整个的机器设备是节节相连、持续不断的一个系统，分为化盐、烧灰、吸氨、碳化、烤碱、蒸氨、动力共七个主要部分。一部发生障碍，全部即失去平衡，影响生产，甚至发生事故。在试工期间，大家没有经验，仿佛在汪洋大海中盲目航行，时时会发生障碍。试工三四年中，所发生的大大小小的曲折停顿事故，已不能完全记忆，姑举其一二最大的例子如下。

初开工时，第一步所遭的困难是在蒸氨部门。我们用硫酸铵化成溶液，送入塔中，与石灰乳一接触，即固体化了，堵住了塔身的溢流管，整个三十米高的塔，摇摆起来，发出巨响，摇摇欲倒，当时情形十分危险。后来发现由于加料太多、太快，管道被固体的硫酸钙堵住，致有危险，因而就慢慢减少进料量，才逐步好转。原来这种蒸氨塔，应该用炼焦厂副产的粗氨液充原料，粗氨液中没有硫酸根，就不会生成硫酸钙而把塔身堵塞了。当时国内炼焦厂很少，不易买到粗氨液，所以造成这种困难。

试工时期最大的事故是烧坏了烤碱用的干燥锅。我们最初设计时因图省钱，采用了较简单的干燥锅，开工不久，锅底烧穿，使整个工厂无法开动。后来采用了"石灰窑"的建议，由他设计一座旋转型的干燥锅，全部电焊，不用铆钉。因当时国内尚不能自造，还要从美国定制运来，以致为此停工半年以上。

在试工阶段，不断发生问题。机件方面不断要添加补充，亦就是不断要同铁工厂打交道。每一零件的铸造修理，都要去天津想办法，费时又费钱。我建议自办一铁工车间，买几架车、刨、钻孔等机器。当时经济极为困难，范旭东有难色，经我竭力陈说，他始首肯。房屋、机器一共花了七千多元，成立了机修车间，由傅冰芝主持。傅学造船，对于机械有研究，与范本是同学，志同道合，所以愿担任这样一个小车间的主任。他忠于职务，努力钻研，又同有经验的老工人何国祺共同奋斗，对于碱厂起了很大的作用。

花了许多人力、物力，经过了漫长的岁月，产品终于制成了。但初次出的碱是红色的，无法销售，后来查出是因为铁器受了氨及碳酸气的侵蚀，形成铁锈所致。"石灰窑"建议加入少量的硫化钠，使它同铁器接触，在表面上结合一层硫化铁的保护薄膜。这样，出的碱果然白了。原来国外采用炼焦厂的粗氨液做原料，其中本含有硫化铵，所以不会发生这个问题。

试工时期，技术困难已经够多了，还要加添一层经济上的困难，二者彼此交织，困难就更加严重了。加以欧战停止，碱价大跌，出货后能否生存还是问题，要继续招股，当然无人问津，而所用试验费、建设费，又远远超过了预算，不得已只好向久大借款。当时久大同永利是两个公司、两个组织，借款是不大合法的。记得有一次永利需款一万元，我拿了范旭东的亲笔条，到天津久大会计处领款。会计科科长周雪亭摊开账本给我看，并同我说："久大资本只有四十万元，现在借给永利的已有二十万元了，以后怎么办？"我惶恐得无地自容，相对唏嘘。这种例子，不胜枚举。后来幸而范旭东的同学、金城银行经理周作民，很信任范，先后贷款数十万元，才得以出货。为了此事，周作民颇受到本行内部的责难。

从建厂日起，中间经过了无数的技术上和经济上的困难，断断续续地工作，一条流水作业的长龙，经过了八年的苦干，才联结起来。在庆祝成功的时候，范旭东同我说"我的衣服都嫌大了"，其辛劳困苦可想而知。

兹将永利抗战前纯碱年产量和平均日产量列举于下，只一九二九年因罢工三十多天，产量略降，其余年份都是一直上升的。

年 份	年产量（长吨）	平均日产量（长吨）
1926	4504	12
1927	13404	37
1928	15356	42
1929	14778	40
1930	19463	53
1931	23442	64
1932	31927	87
1933	33699	92
1934	37459	103
1935	44192	121
1936	55410	152
1937[*]	36450	100

---

* 因"七七"事变后不久工厂沦陷，仅开工几个月。

一九三〇年添建了烧碱车间，用本厂的石灰与纯碱，制成烧碱（氢氧化钠），历年产量如下。

年　份	产量（长吨）
1930	2
1931	81
1932	170
1933	1141
1934	2081
1935	3380
1936	4446
1937	3893

重视职工福利设施

在那个时代，以范旭东为首的塘沽永（利）、久（大）团体的人员，都自诩"热心救国救民"，努力兴办实业，抵制外货，虽在经济十分困难的时候，对于工人的福利设施仍很重视，例如办了食堂、医院、小学、补习学校等，有一部分技师还租住土房子（如欧阳谷贻等），而工人已住进砖木结构的宿舍。这样，我们以为算是"仁至义尽"了。有一次总统黎元洪来我厂参观，他很称赞我们的工人福利办得好，并说："工人吃的馒头，面很白，同我吃的一样。"

我厂初开工的时候，我因操作复杂，竭力主张实行八小时工作制。有人觉得有困难，不大赞同，经过反复辩论，最后得到了范旭东的同意。八小时工作制实行不久，因为经济困难，改为十二小时，但不久又恢复过来，从此成为固定制度。在二十世纪二十年代的中国，实行八小时工作制的工厂，我所知只有永利一家。

厂中还开办了明星小学校，但是没有幼儿园（当时称幼稚园）是一缺点。我因纪念故去的爱人潘瑛如，将我个人私蓄加上亲友送的奠仪，及永利送我的红利股票二千元，充作幼儿园经费，盖了一所房屋，命名为"怀瑛堂"。

一九三六年上半年久大、永利福利设施费用表

（以国币元为单位）

项　别	一月	二月	三月	四月	五月	六月
永久联合办事处（专管人事福利）	1829.26	1504.42	1439.29	1830.62	1788.41	1873.61
医　保	528.33	544.82	831.82	635.14	575.70	880.38
工人宿舍	693.18	2180.58	984.62	1346.80	1572.91	1991.03
明星小学校	263.49	672.34	640.435	58.40	571.23	1354.62
幼儿园	39.10	98.24	83.43	78.73	63.51	167.36
成人义务学校	91.27	141.82	260.46	158.13	163.39	295.89
总数	3444.63	5141.22	4240.055	4107.82	4735.15	6562.89

兹举出一九三六年上半年的福利设施费用情况，以作参考。

范旭东因塘沽事业进展很快，人事日趋复杂，在一九三二年成立久大、永利联合办事处，聘阎幼甫为处长，主管人事福利，应付当地的复杂环境。

与英商卜内门的斗争

永利碱厂自成立之日起便与长期垄断中国纯碱市场的卜内门公司进行了艰苦的斗争。初时，卜内门利用英人控制的盐务稽核所，企图以抬高工业用盐的税率来阻挠我们开工出碱，不成。继而他们又通过久大职员祁仍奚频频向我方表示愿意"合作"，并对祁说"你如帮了忙，一定是值得的"，意指可给他贿赂。

在一九二五年永利正式出碱后的三四年中，卜内门多方进行破坏。除了操纵市场，不时落价，以此来打击我们之外，复在暗中派其津行职员王某充间谍，偷窃我厂生产和建设情报，供给他们。

面对这种局面，范旭东坚决干下去，不为英商的威逼利诱所动。在国内宁肯亏损，低价销售纯碱，也决不放弃市场。在国外利用永利纯碱获国际大奖之机，在日本试销纯碱，扰乱卜内门碱在日本的市场。迫使卜内门拱手求和。

永利与卜内门十余年的斗争，是一种艰巨复杂的外交工作，幸而范旭东主持有方，操纵得法，终能使狡猾顽强之敌俯首就范，不敢欺我。人皆知范旭东是化学家、企业家，不知他也是一位出色的外交家。他与卜内门打交道时，有一坚定不移的原则，即对于卜内门要求投资及技术协助一层，决不应允，只与他们在销售业务上合作，使他们无法渗入内部压倒我们，这也是范的远见。协助范与卜内门折冲者为余啸秋，他不仅每次会谈时做翻译，历年与卜内门通函概出其手。在交涉中的一切决定，范大半与余磋商。范曾同我说过："余是我的得力的外交助手。"

兹将一九二八年到一九三七年永利与卜内门的纯碱，在中国市场销售的比例列表如下（单位：担）。

年　份	国　碱	洋　碱	销售总量	洋碱占百分比（%）
1928	209491	845861	1055352	80
1929	277074	934530	1211604	77
1930	310795	1076654	1387449	78
1931	340731	768592	1109323	69
1932	413833	485097	898930	55
1933	485326	394030	879356	45
1934	672524	485657	1158181	42
1935	715668	448939	1164607	38.5
1936	635174	414000	1049174	39.5
1937	650005	447400	1097405	40.8

日寇侵占永利后的种种压迫

自"九一八"事变之后，日寇逐步向华北侵占。《何梅协定》签订之后，塘沽已在日寇魔爪掌握之中，永利应付周旋，颇不容易。范旭东于一九三七年"七七"事变前去南京永利钲厂视察，事变后他曾来信说"宁举丧，不受奠仪"，意思是宁可工厂被劫沦陷，绝不以任何代价出让。一九三七年十二月，永利终于被日寇劫去。我于"七七"事变后不久，即离开了永利。

日寇占据我厂，继续开工以后，对于机器设备只有损坏，很少有改善的地方，足见"东洋"技术并不高明。但他们对工人的压迫奴役，残酷达到极点，下面三份控诉书，就是很好的证据。

　　我是在一九三〇年到永利碱厂做工的。一九三七年日本鬼子占了工厂后，我在烧碱厂看泥泵，地下室的废碱液淹没膝盖，把脚都烧烂了，实在干不了时，就被派到白灰窑去卸石头，身上穿的是补丁加补丁的破衣服，肚子吃的是烂土豆、带沙子的豆饼，有时给点棒子面窝头，也是又酸又辣。身体冷，肚子饿，还要卸大块的石头，真是浑身无力，眼前发黑。日本鬼子经常打骂，用皮鞋踢，工头也是开口骂、动手打，把工人当作牛马。挣的工钱连自己的肚子都填不饱，哪能养家呢？再加上特务、汉奸横行霸道，稍不如意，就用红汽车捆送到宪兵队，轧杠子、灌凉水，最后用刺刀戳死。成天价挨打受骂，还提心吊胆。

　　实在干不下去，想回老家河南省找个生活出路，就沿途乞讨，好容易回到河南。到老家一看，鬼子和汉奸队到处烧杀掳掠，庄稼早荒芜了。我的老娘和哥哥已经活活地饿死了。眼看那里也没有穷人的活路，无可奈何，我含着眼泪又跑回来，只好又回工厂当牛马。（烧碱车间老工人王连瑞口述）

　　日本鬼子侵占了永利碱厂以后，我在锅炉房烧火（司炉）。工人们吃的是树皮磨的窝窝头，像个驴粪蛋子，难往下咽。那时连咸菜都没钱买，每当吃饭就用白水往下送。

　　那时三班连夜生产，抬煤工人吃不饱，肩上抬着大筐的煤，走在爬坡的斜跳板上，身体发晃。日本鬼子拿着檀木柄小榔头，看谁不顺眼，就没头没脸地打。鬼子老嫌我们烧的火不好，就经常用榔头敲我们的脑袋。我用胳膊搪了一下，他们就用榔头把我的胳膊打伤了。直到现在，我的胳膊还不能向前弯曲，就是那时留下的残疾。

物价一日三涨，挣了工钱，连自己的最低生活都维持不了，后来就到码头上去当搬运工，勉强维持自己的生活。（装卸大队老工人王光亭口述）

一九三七年以前，我在黄海化学工业研究社当分析工，日本鬼子侵占永利碱厂以后，勒令我们上工生产。谁知鬼子的军用仓库着火，硬说我们和八路军的地下工作有联系，把化学药品给八路军去烧仓库，就把我们所有的分析工都装在红汽车上，送到鬼子宪兵队审讯。

鬼子凶如野兽，过堂时不问青红皂白，用木棒搂头盖顶往下打，直打得鲜血四溅，遍体鳞伤，以致神志昏迷，奄奄一息。鬼子问不出"口供"，就用轧杠子、灌凉水等惨无人道的刑罚来逼"口供"。几经生死，深知做亡国奴的痛苦和日本军国主义的野蛮残暴。当时身陷敌手，求助无门，只有拼着一死。在鬼子宪兵队押了四十余天，所受刑罚，骇人听闻。后来弄清烧仓库是日人自己干的，拿我们做了肉囚，虽然最后得到释放，这笔仇恨却时常涌上我的心头。（中央试验室干部张玉瑞口述）

在沦陷时期日寇的滔天罪行，是说不尽、写不完的。他们对于较有规模的生产事业，用尽巧取豪夺的手段强劫而去，对工人残暴压迫，视同牛马。以上控诉书所揭露的事实，不是少数人的遭遇，而是中国千千万万工人共同的遭遇。是他们用血和泪写成的，读之真令人怒发冲冠，义愤填膺。幸而永久企业同人中，就我所知道的，没有一人降敌为虎作伥。这是永利、久大的气节，亦是中国的民族气节。

共产党挽救了永利垂危的生命

抗战胜利之后，我们发现永利碱厂在日本占领期间，不仅无新的发展，许多机器设备反而被日人粗暴使用，损坏不少，修复极费时日。待开工之后，四围环境越来越恶劣，国民党政府的贪污腐化，比抗战前更甚。蒋、宋等家族总视永利为肥肉，想一口吞下，不遂则用种种手段多方压迫。加以通货膨胀，法币跌价，如水下流，改为金圆券，猛跌更甚。在这种状况之下，卖出成品所得的纸币补不进原料；账面上按纸币数目看有盈余，实际上大有亏损。所卖出的成品，购主作工业生产用的很少，充囤积居奇者居多。有势力、有关系的人们，还要用压力用手段向我厂抢购纯碱，以图厚利。情况如此，可称四面楚歌。

幸而霹雳一声，一九四九年一月十五日天津解放，从此这个唯一的国人自办的大型化工厂，得到了新生命。党对这个民族工业的关怀无微不至，用收购、包销、贷款、供给原料等种种方式，使这个奄奄一息的企业逐步复活起来，真如枯木逢春。

一九五二年六月，在重工业部化工局领导下，永利正式公私合营，定名为"公私合营永利化学工业公司"，除塘沽的碱厂外，南京卸甲甸的铔厂一起并入。

一九五五年，久大与永利才正式合并为一个团体，定名为"永利久大化学工业公司"，在共产党的英明正确领导之下，永利、久大才真正成了一个统一的组织。

久大本是永利的老大哥。永利创始之初，股东们鉴于范旭东办久大成功，一声号召，大家响应投资，范兼任两公司的总经理，名义上虽是两个组织，大家都默认为一个团体。范首先拨出久大的一副盐滩，供永利建厂，调动大批久大人员，为永利服务。后来在进行过程中，遇到种种困难，用款远远超过资金，在此成败未定、千钧一发之际，借贷无门，股东对范也失信任，绝不肯再继续投资。范于是采用非常手段，向久大挪借，到永利出货之日，已积欠久大数十万元。后来决定分年陆续改借款为久大向永利的投资，一方面永利向银行借款亦由久大担保。所以没有这位"老大哥"在经济上、经营管理上的竭力援助，永利是无法生存长大的。这位"老大哥"真真被"小弟弟"累苦了。一九二九年以后，永利生产顺利，也常从经济上帮助久大，饮水思源，感恩图报，亦合情合理。

中华人民共和国成立后，在合营期间，清产核资，久大在永利所投资金，几成为久大资金的全部，所以这两个机关合并为一个公司是很恰当的。

（原载中国文史出版社《化工先导范旭东》）

永利碱厂和英商卜内门
洋碱公司斗争前后记略

余啸秋

我参加永利化学工业公司①工作，是在该公司创建的初期。

永利为奠定我国化学工业的基础，首先在塘沽创设碱厂。最初十余年曾和英商卜内门洋碱公司展开了长期的尖锐斗争。范旭东主持其事，劳心竭虑，以弱敌强，至今思之，犹为神往。

在斗争过程中，我因工作关系，举凡谈判、决策以及双方决定的执行，事无巨细，几乎无役不从，因之对于个中曲折比其他同事较为熟悉。惜战前公司主要卷宗为了避免日人搜查，易地保管，一部分毁于一九二九年天津大水。爰就可能根据的史料和个人记忆所及，尽量叙述以供参考。

---

① 初办时原名永利制碱公司，一九三四年在宁兼办硫酸铔厂，遵章注册，始改用此名。

卜内门在全世界化工业的地位和对永利的威胁

第一次世界大战前，以化工产品称雄于世界的企业，一般地认为最大有三家：英国卜内门洋碱公司（Brunner, Mond & Company, Ltd.）、美国杜邦公司、法国法本公司（旧名蔼奇）。它们都成立多年，资本雄厚，组织庞大，技术力量充实，执掌化工界牛耳。世界上任何角落，尤其是在殖民地半殖民地国家里，几乎无处不有它们的营业机构。中国幅员广阔，人口众多，正是它们最好的经济侵略对象。其中单就碱品来说，当年卜内门的力量又远在其他两家之上。该公司在我国的华文行名，特采用"洋碱"二字，以示突出。其后虽在一九二六年于本国兼并不少大小化工企业，重新改组，更名为帝国化学工业公司（Imperial Chemical Industries, Ltd.），在我国营业机构香港注册的英名亦已更新，而华名一直相沿未改。它们的碱厂设在英国Winnington, Northwich，厂屋底下恰是深厚的盐矿，含有浓卤岩盐，通管吸用（或用压缩空气抽取），成本低廉，迥非永利沽厂采用海盐制碱可比。像这种天然良好条件，又兼历史悠久，制碱技术经验丰富，于是远东碱品市场独受它们控制。

约在十九世纪末期，英碱开始输入我国。卜内门首届主事人李立德（E.S.Little）在我国传教多年，善华语，熟识我国情形。卜内门伦敦总行看上了他，认为是最适当的人选，遂派他做中国行的总经理，统辖各省市营业，各大商埠分店都是他一手次第开设的。庐山辟作西人避暑山庄，便出自他的主张，于是欧美人士相率在彼建庄，成为各帝国主义分子在中国的夏季享受场所。

当时我国同胞一向惯用土碱，不识洋碱，洋碱初来时先只设法在通商大埠开辟销路。相传李立德曾在廊坊等地雇人肩挑洋碱，本人手摇铜铃，随同叫卖，路上惊奇围观。他就利用这种场合，宣传洋碱卫生、实用等优于土碱之处，并亲做试验以证其不诬。结果不到十年，不独城乡人民用以发酵和洗涤者相当普遍，而在城市用于工业者其数量尤巨。

从一九一三年、一九一四年、一九一五年三年间海关进口册里所载洋碱数量，得知英碱百分比如下。

年度	进口总数量（担）	英碱输入数量（担）	英碱百分比（%）
1913	488255	428738	87.81
1914	631687	566151	89.63
1915	481148	431970	89.78

进口货品"来自何处"，在海关总册里是按地点分注的。其来自香港与来自英国不并列，但事实上最大部分是英碱先卸香港然后转入。若将香港的碱也算作英碱，其百分比更大。

我国为英碱的绝大市场，在永利未曾出碱应市以前，无人能与竞争，形成英碱的垄断。及永利建厂后，开始他们认为其将同业经垮台的山东鲁丰厂一样，必然资金无着，技术无人，最终失败。其后眼见永利高级干部多属国内外大学毕业，学有专长，虽一再遭受困难，始终艰苦奋斗，确具不制成纯碱不止的决心。于是换用另一种手法，企图在我出碱以前，予我根本摧毁，使我不能生存。其法为何？即运用英帝国主义政治力量，利用英人在盐务稽核所的地位，暗中对我加以摧残。

在袁世凯主政时期，曾和以英国为首的五国银团成立善后借款，计二千五百万英镑，实付84%，年息5%，规定以我国全部盐税作抵。以首十年盐税所得付息，从十一年起开始还本付息，不足时再以关税溢余补充。因此北洋军阀政府财政部设置盐务署，下设盐务稽核所。署长名为总办，由财政部次长兼任；稽核所首长名为会办，则由英人充任。首届洋会办丁恩，袁世凯嘉其借款有功，礼遇优渥。当时体制为盐务署主持行政，稽核所主持稽核税收，遇到有关盐税增减，所里提出的意见具有无限权力，总办无不惟命是听。卜内门总行于我厂快出碱时，通过英国外交大臣和它的驻华使节，指令丁恩迫使盐务署突然公布工业用盐征税条例，规定工业用盐每一百斤纳税二角。换言之，每制碱一担需要原料盐两担，无形中成本便增加了四角。试问新兴工业，即侥幸免去竞争，还不知能否生存，而英厂用盐制碱无税，我厂反先增加盐税四角，何以生存？何况我在设厂以前，先得工业用盐免税的许可，今建成试工，迅将出货，突然征税，不啻置我于死地。因向平政院控诉财政部盐务署背信违法，摧毁我新兴碱业，惟院方力量达不到英籍洋员，未能依法处理，申诉未有结果。后经财政部部长一再和洋会办协商，始公布永利用盐制碱暂予免税一年；但仍附带一条件，即在永利纯碱售价高于洋碱时为有效。英会办滥用职权，暗中保护英国碱商，充分说明了帝国主义经济侵略是和政治侵略齐头并进的。其后一年届满，沽厂出碱不顺利，乃向盐务署重请维持免税原案。值五卅案起，在上海英文《大陆报》上登出本案始末，公开地尽情揭露。洋会办慑于舆情，始对公司请求，再批准展期五年。最终乃定为永利工业用盐准予免税三十年，从此公司的生存乃得到保证。

永利纯碱最初打开销路极为困难，原因不外四种。

（一）新制成的纯碱微呈红色，成分略低，质量比不上舶来品，不为人所乐用。

（二）产量有限，虽不少工厂的热心爱国人士乐于采用国货，无奈供给难于正常，若断若续，一部分仍不能不仰给于英碱，使他们有所顾虑，信念动摇。

（三）卜内门向以我国市场为尾闾，挟其雄厚资力，吞并倾销，无所不用其极。如应付无方，我们方在摇篮中的新生工业很可能被其扼死，最低也将成为我发展初程中的莫大的障碍。

（四）当时统治者无人了解化学工业的重要，对"纯碱为工业之母"更无认识。在资本主义国家，这种企业创办初期，往往予以津贴鼓励。我国当时统治者是一班军阀，从而和之者又是一些无聊政客，根本不知何者为化学工业，不予支持。永利粗碱成功，欲将产品插进市场，切望政府略微提高进口关税，保护我国的新兴工业，势无可能。

在以上种种情况下，范旭东精心擘画，运用方策，对抗英商，获得最后成功。永利是如何达此目的，约可分为三个时期。

第一期　不甘利诱，对抗威胁，
利用外力以甲制乙时期

一九二二年盛夏，范旭东曾去庐山某庄访友。李立德适避暑邻庄，无意中邂逅攀谈，遂相结识。李初不知范为何许人，所办何事，直到临别范始坦白以告。李因手拍范肩说："碱在贵国确是非常重要，只可惜足下办得早了一些。就条件上来说，再后三十年不迟。"范说："恨不早办三十年。事在人为，今日奋起直追，还不算晚。"相与一笑而别。卜内门以贩卖商来我国市场开展经济侵略，既不尊重我国主权，复对范旭东锐意经营制碱事业大肆嘲笑，范心中的愤慨可以想见。

永利于一九二四年克服技术上困难后，开始出碱，但数量不多。一九二五年逐渐增产，质量日有进步，价格又较低廉，销路逐渐扩大。同年春，卜内门伦敦总行营业首脑尼可逊（Nicholson）东来视察，一再表示愿和范旭东会谈，地点听我方指定。范旭东鉴于我碱初出，不过粗具雏形，巩固发展还有待努力，如过于峻拒，可能立刻导致不必要的纠纷，于我不利。因接受邀请，指定大连为双方会谈地点，并偕侯德榜、余啸秋一同赴会。会谈以前，我方曾定出一个坚定不移的原则：即永利今日担负着我国民营化工的任务，是成是败，全在于我本身的力量和奋斗。在任何情形下，我主权上和制造上是万万不容许外国人参加的，其可能变通程度，至多以营业为范围，事实上如能避免仍当尽力予以避免。因此，在会谈中，他们虽一再提出愿以他们的资金和技术经验和我具体合作，助我提前成功，用一套花言巧语相引诱。当时尽管我方经费万分困难，迫切需要外援，但范旭东自始至终婉言逊谢，一口推到我公司注册章程内规定了我股东只限于持有"中华民国"国籍之人，无可变通；否则牵动政府业经许我的特权，不独未能助我，反而害我。对方对此无奈我何。像这样的根本方针，其后在范旭东领导永利二十余年中，一直没有改变，这是他的英断过人之处。那次大连开会，事实上只等于一度长谈，毫无结果，最终对方相约有机会继续再谈，我方唯唯应应，未一月而上海"五卅"案起，他们也再无词可借了。他们见利诱不成，恼羞成怒，换用威胁，完全暴露出他们的狰狞面目。他们在我市场上将碱价无故压低，每两三个月跌落一次，逼使永利处于被动地位，只有跟随跌落，以免失去市场。在一九二六年、一九二七年两年间，卜内门碱价一直下降，直降到40%以下才告终止。窥其用意，无非想使永利经受不起这样的无端损失而向他们屈服。侵我主权，以大压小，手腕毒辣，居心叵测，可恶孰甚！

卜内门威胁永利，在其营业措施上亦有特殊手法。他们所委派的代销商店，每届年初换订新约，必郑重规定各该店不得兼销别家的碱，如其违犯，不独年终佣金一律扣除，所交押金并予没收，以示惩罚。因此，凡属卜内门代销店都不敢和永利接近，顾虑受此重大损失。永利新出纯碱，初创牌子，市场一切完全生疏，若不先靠国内代销商店和碱店协助，真无法迅速和用户取得联系。幸永利所产是轻碱，英货是重碱，以碱制造玻璃等，轻不如重，若论制造块碱、晶碱，用于发酵和洗涤，重碱又比不上轻碱。经过多次与代销店协商，其中较有胆识的店家，终于同意永利的建议，换用牌号及股东姓名同时适销我碱。从此南北市场得以打入，开辟基地。

当时永利内部困难实已达于极点。一则资金奇缺，周转困难，希望股东们增加投资，显无可能，欲求解决，惟有继续向银行协商通融之一法。而公私银行分别援助，为数已多，在我既不便启齿，在彼亦确有碍难。当年永利账上的亏损已损银洋一百四十余万元之巨（系用"开办费""试验费""图案"三户记挂账上，从一九三〇年起始将前两户分年摊清，"图案"三户十余万元，一直作为财产处理）。二则产量无多，必须增产以减轻原料、材料、燃料等消耗及管理费用，降低成本，而增产又非加强扩建、添置机器，改进技术无由实现。幸赖职工同人们艰苦操持，公司一面忍痛酌裁人员，职员中自动减薪者亦大有人在；股东虽多年未曾分过股利，鉴于碱已制成，前途光明在望，仍一致坚决支持，对主持人不加责难；兄弟公司如久大，商业银行如金城，仍予量力源源接济。由于大众的努力，永利艰难困苦的岁月终于渡过。犹忆永利"红三角"牌纯碱当年成本每担约银洋六元五六角，在英碱最后一次以每担四元二角出售时，我碱仍依惯例比卜内门"蛾眉"牌纯碱低三角竞售，艰苦应战可见一斑。卜内门原以为挤垮永利以后，仍归一家垄断，不难于短期内收回杀价的全部损失，然而永利坚强不屈，实出乎他们意想以外。

在这期间，曾有一段小插曲。即在双方交恶之初，卜内门天津区行有一王姓中级职员，年龄五十岁上下，曾于某夜诣我家拜访。当时彼此不相识，问以何事，答说他的津区经理小李立德（E.S.Little, Jr.，即李立德之子）派他暗去塘沽刺探永利碱厂生产情况及机器、人事种种消息，写成报告备作参考。我认为这种行为最不道德，决定将计就计，予以利用。他是直隶省人，父亲曾以"二爷"身份伺候过李鸿章多年，本人学得一些粗浅英文，得以混进卜行任事。我乃许以每月津贴银洋三十元，相约以后卜行有何消息必以告我，如有遣派必先来报。他并自动约定出入我宅必走后门，必以黑夜。后来他不时被派去我沽厂侦察，事实上却从未去过，他对卜行的密报都出自我的口授，我乘机夸大粉饰，无一不对我有利（当然其中无关紧要部分也说我方一些坏话，免其怀疑），而卜方的内情，我反得到不少。如此历时二年余未被发觉。而后王某不知如何败露，被小李立德禁闭七日，逼令写供，以后未见再来，估计已受到开除处分。

范旭东留学日本多年，对日本碱业情形十分熟悉，为开拓我碱销路，因将念头转在日本方面。本来英碱之在东亚，并不止于我国市场，日本工业比较发达，它们供销日本的碱类数量比我国还多。这时恰好日本三井与三菱两财阀相互争霸，三菱有旭硝子工厂产碱，三井向无碱厂，辄自引为遗恨。范旭东认定此中有机可乘，因就近和三井津行相商，许它代表我公司在日本试销纯碱。一谈之下，正合它的心愿，协定因以成立，有效期间暂定一年，其代价不过索取相当的佣金。当时三井急欲有纯碱能和三菱比肩供售国内用户，并不计较取得我方佣金的高低。我碱交三井代销，价由我定，乃以至低的价，叫它在日本各处散销。它的分支机构布满全国，推销甚便。我碱有三井代为义务宣传，质量好而价格低，用户无不乐用，卜内门销量多我十倍，损失虽然有限，最使它们难堪的，还在于它们多年来统一销碱的日本市场为我冲破。不久它们即主动地送来我公司声明，今后在我国市场，绝不再以廉价竞销，将来它们的碱价要有调整，必先与我协商同意，联合进行。后来，永利根据国内供求情况，定价务求合理，既不再因竞销亏本出售，亦不因卜内门不再竞争，故抬高价。至此，我方收回碱市主权，掌握主动，差堪自慰。

第二期　委派卜内门在日本代销我碱时期

卜内门总行和工厂设英伦本部，贩买活动遍及世界，它们在日本和中国的分行，各有其个别组织和资金，惟向香港政府注册则同，一切支配都直隶于伦敦总行。如前所述，它们虽屈而就我，销行上不再无理取闹，但不时仍以参加我方制造合作相商谈，频频聒絮，几无已时。我为避免它们的干扰，因强调声明投资合作参加制造，绝无可能，如必欲发生关系，仅可于三井合同满期后为我碱代销日本。我方初意彼碱方图独霸日本市场之不暇，根本不可能接受我们的建议，何况它们图我的目的固在本厂。不料它们竟欣然接受，且愿先订至少为期三年的协定。现将一九二八年六月一日永利和卜内门日本总行所签订的协定主要事项分述如下。

1. 区域　日本本部和我国台湾，不包括朝鲜。

2. 期限　从一九二八年十一月一日起至一九三一年十月二十一日止。

3. 数量　甲：一九二八年十一月至一九二九年夏季，每月委销纯碱六百吨。乙：此后每月委销纯碱一千吨。丙：在协定期内任何十二个月里委销的纯碱不得超过一万五千吨。

4. 卖价　卜内门应以尽量使我碱价接近它们的蛾眉牌纯碱价为原则。在任何情形下，不得低于蛾眉牌5%；万一有时不得不再低价出卖，这项价差，卜内门保证仍按只低于蛾眉牌纯碱5%缴付永利。

5. 付款　在塘沽交货后，卜内门同意每担先付永利银洋二元，其余在五十天内付清。

6. 报账　卜内门经销的碱，在销去后必以代销账报告永利，并按日元折合天津银圆的兑换率付还永利。

7. 佣金　卜内门得按塘沽交货所得的净价抽提4%的佣金。

8. 押金　协定签订后，卜内门应即以天津银洋三十万元的押金交付永利，并于一九三一年十月三十一日以前六个月内，得由永利以现款或贷款抵付。议定年息6.5%，每半年一付。

9. 天灾人祸　遇有天灾人祸、罢工、停工、停制，非永利可能抵抗等情事，永利不负交货责任。但如值中日罢工，或日本、台湾地震、内战，卜内门无法运去时，卜内门亦不负任何责任。

10. 续约　本协定满期后，如双方同意，得续约三年。再满期时，续约亦同。

卜内门的本意，不在于在日本代销我碱，而在于借此与我接近，避免我再向日本售碱以扰乱其市场。范旭东之同意订立协定盖有三因：（1）当时国民党政府对于全国工业并无完整计划和统一领导，根本无政策可言。卜内门既千方百计愿和我亲近，在民营企业立场，双方达成协定，亦可权图本厂营业上的安静，得以致力于生产上的发展。（2）当时我厂正需要资金来扩充生产设备，乐得收入这笔低利的押金，挹此注彼，以资扩建。（3）永利办厂制碱，原意固在为我国人民服务，抵制外货，今国内市场既得保持，它们为维持日本市场代销我碱，也可为我碱在日本创立牌子，为我碱将来生产过剩或滞销时辞一尾闾，并不需我付出高价，又何乐而不为？此项协定，其后结合需要，于一九三一年、一九三四年一再续约，直至一九三七年抗战后自然废止。在卜内门代我碱销售日本的九年期间，永利直接、间接得到不少利益。

在这期间却仍有一段彼此均感不快的事实，也应在此一叙：一九三三年春卜内门英伦总部董事柏烈上校（Col.Pollitt）因和国民党政府进行中、英、德三方计划合办硫酸铔厂事来华，便道来津视察业务，并欣赏故都名胜和华北风景，曾由该天津区经理小李立德陪同访候范旭东。其始意原不过一种友谊拜访，小李为了献媚上司，谈话中却代他提请参观我塘沽碱厂。李意以为该公司代我在日本销碱已越四年，交情非等寻常；范当时亦以前此同样请求迄未同意，当面表示首肯。次日，范因公南下汉口，指由我陪同去厂。讵此讯一出，职工中有人颇不谓然，乃决采折中办法，在柏烈到厂后只引其巡视方在兴建中的烧碱厂和碱厂包装室，而不令涉足我厂技术的各主要车间。像这样参观一度，实无异飨以闭门羹，据闻事后柏烈竟因此把小李清除出去，作为多事受屈的一种惩罚。小李生长中国，行动言语类似流氓，我国好的习惯未曾学到，只知一味向上司献媚取宠，当年设计落价对我压迫者亦正是他，现在遭此恶果，闻之者无不称快。

永利、卜内门双方交涉，历系它们上海总经理出面，地点在津在沪则按当时情况临时决定。但天津为永利总枢所在，为了方便，大都由该津区经理事先洽谈转达而后执行。自小李脱离卜内门以后，委派继任者为华默（A.V.Fariner）。此人具有相当文化，遇事态度雍容，一反小李作风，尔后双方关系遂日趋正常。

第三期　我国市场内中英碱类协议比例配销时期

永利委令卜内门在日本代销我碱时期，国内市场亦得以保持，彼此大致相安无事。范旭东认识到提高我碱生产实力和充实我营业机构的时机已至，因于一九三二年在塘沽扩充设备，一面增加纯碱产量；另一面又开始增添品种（苛化烧碱）；同时又因各碱庄制造块碱，有赖洁碱（净面碱）缩短结块过程，经采用简便方法，制成极少量的洁碱以应市场需要。

化工中的酸和碱，好比鸟儿的两只翅膀。有碱无酸，只算是完成了任务的一半。我公司随又选定江苏六合县的卸甲甸建设硫酸铔（肥田粉）厂，制造合成氨、硫酸、硝酸以及硫酸铔。计自筹备募债，至国外购机运回安装，以至投产出货，历时不到三年（建设时期仅二十三个月）。那时纯碱日产二万吨，硫酸铔日产一百五十吨。这两种产品的产量，都远不能满足我国工农业的需要，特别是硫酸铔，各地纷纷来厂预购。但当时国内并没有其他同样的化工厂，就民营企业来说，差幸堪与卜内门相颉颃，而主权则操自我手。回忆大连会议，相距不过十一年，以今例昔，殆不可同日而语。

当年公司营业，曾按地域情况，划分为五大区：华北区、沪区、汉区、港澳区、辽吉区；国外则已销到日本和南洋。日本销行最多的一年，占公司总销量17.3%。国内营业机构，计自设专辖区店连同与久大共同设店，凡十七处，其下附属小的代销特约店遍及全国每个角落。卜内门侵入我国市场虽有四五十年历史，事实上若干僻处并未达到。在我硫酸铔厂将届投产的先一年，即一九三六年，卜内门在我国本部仍不免于竞销，尤其是在双方基层诸店，大抵各为其主，相互争夺，两不相下。双方主管机关不时接到控诉，指责对方故意压价竞争，夺去主顾，纠纷层出不穷，调处殆无已时。

卜内门至此又乘机向我旧事重提，试商资金技术合作，借口助我发展，实则别有用心。我则鉴于塘沽碱厂产量逐年剧增，而日本厉行军事侵略，威胁华北尤甚，日本和伪满市场，已不容再行去货，深恐供过于求，积压资金。就南方铔厂来说，指日基建完成投入生产，所需财力人力特多，亟应集中力量促其发展。因和卜内门谈判营业合作，提出彼四我六的比例配销办法。

开始谈判时尚在一九三六年秋冬之交，当时我在国内实销碱数距"我六"标准还远，它们未能接受，我则以主权所在，难以变更。卜内门华行总经理吉勒理（V.St J.Killery）为此曾飞天津和范旭东面商，陈述不少理由，顾以51%归我，彼居49%，言辞诚恳，但仍无成议。其后我公司销数逐渐增加，形势于我有利。次年春间分别在津沪一再协商，面洽或通信，形式不一，最终于五月十二日以永利55%、卜内门45%比例，成立配销协定。其主要详细条款如下。

1. 市场　以当时"中华民国"和香港为范围。

2. 碱品　以双方所销的纯碱、烧碱和洁碱数字，按议定比例折合纯碱相等的数量计算。

3. 配销比例　永利占55%，卜内门占45%，但伪满洲诸省不在内。

4. 分区计划　双方同意将中国市场各地纯碱、烧碱、洁碱的销数，再按各区分别计划其配销比例，虽在各区内配销比例可能有所出入，但全国合计的总比不变。

5. 百分比的纠正　假如一方未能销到它们的配销比例时，通常其他一方应全力予以纠正，双方得采用以下一种或多种方法速为调整。

甲、价差。

乙、限制发货。

丙、待价发货。

丁、少卖的一方将它们的货物转移卖于多卖的一方，惟仍须归入它们的配销比例内计算。

6. 卖价　卖价必经双方商讨同意决定。

7. 调整缺货　如任何一方因故缺货时，经双方同意，其他一方应尽力将它们的货供给于缺货的一方，接济其销售。但在售出时，此数量应算归接受一方的配销比例以内。

8. 卖货条件和佣金　任何一方的纯碱或烧碱转移于另一方，虽应算入何方配销比例以内业予规定，但接受一方的卖价条件和佣金得由双方议定。

9. 政府法令　本协定无论何项条文如和国民政府现行和将来公布的法

令发生抵触时，须本着切实履行本协定精神的态度予以修正。

10. 有效期间　从签订协定之日起扣足三年有效。

两协定的废止和代销日本押金的算还

在上述国内联营协定签订后五十五天，全国经过布置刚刚开始执行，"七七"事变突然爆发。塘沽地当冲要，日军出入任意，为所欲为。七月二十九日天津沦陷，原料、材料、燃料的供应，成品的运输，顿成问题。职工不愿受日军威胁，纷纷退出工厂，避居天津以观变化。其后演成全面抗战，日本流浪商人仗着军阀势力，不断地压迫永利与之合作，生产若断若续，极不正常。延至十二月日军部且正式委定三菱公司技术和管理人员径入沽厂接管。公司货源无着，仅靠早已分存全国各区店的旧有碱品勉强应市，苟延残喘。中协定虽经规定缺货的一方可由他方转移以资供销，却不适用于战时。公司存货不到一年完全销尽，这协定所发生的作用根本不多，无形中自然中止。公司当日订约的原意，是拟在三年满约时，根据我国市场需要高涨的情况和我厂增产的实力，决定我方配销比例是否提高或竟不予续约，这一愿望至此全部落空。

在日军占领我沽厂初期，卜内门华行总经理吉勒理曾派其华董孙仲立代向永利建议请将我塘沽碱厂改为中英合办，对抗日本，英方资本愿以其日行押金三十万银圆抵充。意在一面保全其押金；另一面企图参加永利投资，备作战后合作根据。范旭东洞悉其用意所在，坚决拒绝，声明无法考虑。

一九四五年抗战胜利，国民党政府由重庆迁回南京，坐视物价飞腾，法币日落。我公司所产的纯碱、烧碱和硫酸铔，皆成为市场上最可靠的物质筹码，大家重物轻币，争先购存，公司每次挂牌售货，无不一抢而光。情势演变至此，卜内门英伦来碱，只能按法币出售，极难买回英镑。它们自保之不暇，双方对于过时失效的协定，谁都不再提起了。

惟有它们代销日本协定虽在战时自然废止，仍有押金银洋三十万元应还未还，当时法币贬值日甚一日，卜内门从没提起要还，我公司亦找不到法律根据，想还无从还起，直至一九四七年年底，国民党政府立法院财政经济委员会通过了《银行业战前存款放款清偿条例》，明确地规定了凡在一九三七年八月十四日以前的存款放款，不计利息，概按一百七十万三千四百六十二倍偿还，并规定超过一亿法郎的得分九个月偿付。公司始据此与卜内门交涉，声明愿依此一次偿清。按其答复，这笔押金是于一九二八年六月二十一日签署协定后交我，该日本行是按当日兑换率以二万八千八百七十九英镑登账，如照此法币归还，损失太大，难以同意。延至一九四八年六月十七日当面谈判（距国民党政府公布改用金圆券仅六十二天），始允以一百三十亿法郎了清。查是日政府牌价可合到五千六百八十九英镑，黑市更低。若将未付七年半的利息减去，所收本金实合到三千九百四十五英镑，约为原值的13.66%。这是它们始料所不及的。

（原载中国文史出版社《化工先导范旭东》）

历经"九九八十一难"的永利化学工业公司

永利制碱公司是民国六年创办的，屈指于今十九年了，在起初那十年光景，好像做梦，过得真快。当初为什么要创办这个工业？动机究竟在哪里？到如今还时常有人问起。其实这个很简单，欧战勃发之后，欧亚交通忽然地停滞，中国用惯英国卜内门洋碱，一时大起恐慌，事势逼得想自己设厂制造。后来知道这种工业，不是随便好办的，有一部分发起人，不免知难而退了。久大公司在塘沽设精盐厂，是民国四年，因此知道渤海沿岸无尽藏的盐和唐山一带丰富的煤、焦、灰石，都是制碱的好原料。在工业先进国，动辄为获得原料，不惜赌国家命运，我们中国从不关心，听它货弃于地，相形之下，难怪中国不要一贫如洗。当时我们这个感想最深，所以不管洋碱能来不来，立意想利用这些原料，试它一试。年少气盛，纵身一跳，竟投下了火坑，从此焦头烂额，演出许许多多可歌可泣的悲喜剧。末尾，祖师苏尔维（Ernst Salvay）先生的衣钵，一向只传授白人的，卒至先于全世界有色人种，传到了黄种的中国。这个真叫人称心满意，从前的苦痛一概忘到九霄云外去了。

我辈书生，在社会上没有凭借，所恃的仅仅一股热忱和粗浅的薄技，以孤臣孽子的心情，应付创业过程中一切一切的遭遇。坦白地公开说，近代工程技术和比较大规模实业经营，在目前中国，还说不上真有把握，十八九年之前，更不如现在。那种情况之下，敢冒险用新法制碱，虽然后来勉勉强强给我们站住了脚，事后思量，这不能说不是幼稚。不过这种幼稚，无可厚非，民族生存竞争，或者竟非有此不可。这并不是我们护自己的短，故意发这样奇矫的议论。从工业见地说，塘沽一带确是有它的特长，原料聚集，水陆交通便当，全国将来很少比得过它的。但是原料的品质、价钱都远不如英美，我们当初认定原料这一点，总是我们独特的优势，后来事实证明，并不如此。技术艰深，那是最初动手就在觉悟中的，不过也并没有想到艰深到如此地步。那时苏尔维法的秘密，在世界上还是金瓯无缺，统治在一个组织之下，各国纵然有少数几家独立碱厂，都是自己暗中摸索出来的，从来没有真正在碱厂做过工的熟练技师放出来代人家设计，各国也没有现成的机器发卖。不像近年，日本厂家能出高价，就有阿快斯君（Harold Ahlquist）代它设计，并且保管它出货的品质和产量，难易之分，相隔天渊。正要开工制造，忽然原料发生了问题。盐务稽核所在这种要紧关头，送来一封英文通告，轻轻巧巧把从前政府批准免税的原案推翻，要抽工业盐税每担两角。晴天霹雳，只得和它打官司，劳民伤财的结果，总算维持了原案，照旧免税。这个冤真无处可申，至今引为遗恨。到民国十四年秋后，渐渐有碱制出来，陆续送些样子到外面探探路径，我们在商业的受难从此开始了。同业的老前辈，决不让这个可怜先天不足的孩子过去。那时正赶上欧战刚停不久，卜内门为恢复已失市场，碱价已经大落，为要给永利当头一棒，索性落上加落。他们估定了这个弱小孩，一定是养不大的，谁知他也很顽皮，没有粥喝，他能缚紧肚子干，这或者出于他们意料之外。老于生意经的人们，自然会看风使舵，绝不和人家斗气，不久双方也就言归于好了。这样一张一弛，直到于今，彼我友谊，还是十分圆满，未非至幸。东邻的同业，看了这个光景，着实莫名其妙，因此赏赐了我们一个极荣誉的头衔，叫作"受卜内门管辖的永利"，这多有趣。九九八十一难熬完，自然得成了正果。后来技术一天天向上，产量增加，成本减轻，再遇着金价高涨，给了我们一个意外的机会，从此站立起来了。在我们主观，觉得拿整个的青年团体的气力和巨万零星积来的股本，股东众多，都能相见以诚，尽管投资十多年没有分过股息，大家都肯相谅。政府和社会方面，虽也曾因为对于这事业不认识，给我们多少烦恼，毕竟助力的处所还占多数。内外情势是这样，我们完成了一件事业，根本就值不得什么。尤其是本国人在本国办实业，劳工是同胞，顾主也是同胞，这就是莫大的力量，能够和外国商人分得相当地位，难道不是当然的当然吗?

自从前年公司资本加大，我们才改了现在的名称，叫作化学工业公司，因为我们事业的领域，已经由碱业的一隅，进展到化学工业全局了。目前在创建中途的硫酸铔厂，不久就可以完工，中国化学工业的初基，到这里总算粗有轮廓。我们的头顶，个个都放光了。但是盛气并没有比当年稍减，最高兴的是这十八九年来，我们内部的创业精神没有涣散，同事个个保持着书生本色，淡泊自甘，心身都很安泰，万方多难的今日，这是多么难得。近几年因为业务扩张，又有几多比我们技术优良、志趣纯洁、忍苦耐劳的青年加入了团体，正在共同努力事业生命，将来可仗着这班后劲愈加继续增高。我想凡是同情我们的朋友，一定也和我们一样欣慰的。

公司合营永利久大化学工业公司历史档卷（永利案卷顺序号310）

65

创建硫酸铔厂本末

溯源

政府为提倡基本工业，决定先从国营下手，因为国家的资本人力来得宽裕，容易成功，办出模样来给人民仿效，路道顺便得多，用心可谓十分周到。民国二十年前后，这个风气最浓厚。孔庸之先生任实业部部长时，主张最力，国营工业设计委员会这个机关，就是他叫组织的，网罗许多专家，分为化学、冶金、纺织三组，负责设计具体方案。化学组有人建议，请创办氮气工业，树立国民经济和国防基础，深得孔先生嘉许，从此公文书上，常常看到氮气工业这个名词，促进了朝野的注意。后来实业部索性再进一步，在上海设立筹备硫酸铔厂委员会，委员人选比较宽泛，金融、工业以及上海各界名流都择要聘任，一鼓作气，要把这工业办成，本公司技术方面同事也有被聘的。记得通知书送到公司，恰好是二十一年"九一八"那天，大家的情绪极不自然，无意中都联想到氮气工业和国难的因果，更叫人兴奋。试使一九一五年的德国，不遭敌军包围国亡无日的危机，这门工业，或者到今日还是空中楼阁。中国在这个危急存亡之时，要办氮气工业，我们绝不能忽略这段史实，这是我们大家的口约，回想起来真是感慨无量。第二年新正，陈公博先生继掌实业部，他肯负责，尤其不愿蹈官僚积习，看轻前任的设施，所以创办硫酸铔厂这件事，他决意继续做下去。我们记得当时从旁赞助最力的，要算是邹秉文先生。中国想办一件新事业，总不免许多意外波折，邹先生却毫不介意，这个工业后来卒至办成功了，他的功劳确是不小。筹备会再三开会讨论，不容易落到边际，末尾，归结到国营方针，不得不请政府稍事变通，否则断难实现。当孔部长任内，上海有几家专办化肥进口的洋行，曾经上过条陈，请求和政府合办硫酸铔厂，情愿遵守中国公司法，并且承认中国占股本51%。如其果真这样，不附带别的要求，这和国营有什么两样，况且技术上还可以得到外国熟练专家的指导，更是中国求之不得的。因此陈部长旧案重提，指定代表和外商正式谈话，谁想往还交涉将近两年，始终还说不到一起，尽管双方代表都极热心，立场总是对向的，外商目的在把持市场，这和中国政府为提倡基本工业完成国货的宗旨，绝对背道而驰。后来外商方面，犹以为未足，再补充了若干范围以外的条件要求承认，愈使这事态纠纷毫无益处；最后偏劳彼方派董事长来华亲自协商，仍难成议，交涉只好停顿下来，中外合办之议又结束了。这个结果双方当然都很失望，同时却给我方一个极堪宝贵的省悟，就是大家从此沉下心来，认识了自己，断定中国要办基本工业，惟有中国人自己来，资本和技术固然极难，必须"知难而进"才能打胜，这个省悟是激动水利同人毅然肩重任的原动力。中国民间自办的消息一度外传，三年来的沉闷空气，瞬刻豁然开朗，朝野同志无论知与不知，赐给我们的同情和激励，是空前热烈的。中国这门基本工业从这样迂回曲折中居然寻出了一条路径，创建起来了。

本厂工程计划述略

计划一项工程，比较不是件顶容易的事，计划的巧拙要支配事业将来的命运，非同小可，必得十分慎重，计划化学工程，尤其要明了化学工业的特性。

化学工业，现在世人称为工业的工业，这并不算过分推崇，近百年成就确是伟大，几乎无所不包。前人认为莫奈何的，如空气、海水、特种矿产、动植生物，以至无形的细菌和龌龊不堪正视的废料，现在只要化学家肯下功夫研究，无一不被征服，叫它们绝对顺从，死心塌地作人类利用厚生的资料。今世如其有人忧穷，敢说他所穷的是智慧，不应借口"物资缺乏"，才是公道。原料既这样千奇百态，人类应付它的方法，自然不能一样。利用空气和利用细菌，尽管都是化学工业，绝不能用同样方法处理，可见各门都自有特性，各自又形成一个独立系统。今日化学工业全领域的盛况，是集合各个系统的特性而成的，比方一座园景，花木万千，争妍斗胜，各遂其生，同时这里一花一木，又无一不为全园生色，缺一不可。这是化学工业独特的美妙，如其没有欣赏的眼光，贸然计划化学工程，这计划是不会有生趣的。

本厂为利用空中氮气而设，这门工业在先进国，已经有二十多年历史，许许多多从困苦磨炼出来的经验，都可以供参考。本厂工程计划，极力想在小范围内组成一个完整的氮气工业。认定合成"安摩尼亚"作本厂制品的主干，从主干分支，一切精粗氮气产品都能制造，可按需求的缓急分实施的先后，并不同时并举。比方农肥需要氮气，也要磷钾二素，本厂工程计划并不忽略，磷钾原料来源，有的决定自领矿权开采，有的和矿业公司合作，定约收买，矿石直接运到本厂，分别加工，和氮肥一同出售。正产之外，我们最重视炼焦工业，焦炭是本厂主要原料，必得取携自如，最好本厂要有全权管理，起初虽然这样打算，因为资本关系，并没有想到在短期间就能实行，后来居然在硫酸厂建造期中着手兴工了。炼焦厂和本厂打成一片，将来两厂正副产品如何互相利用，亦早计及，可不成问题。我们所最高兴的，从物质上所得的收获，还在其次，于中国化学工业技术的贡献，却异常伟大，不可磨灭。

本厂工程计划略如上述，目前不过粗具氮气工业规模，比不上先进国的宏大。相信我们的计划还有特色，不仅完整，而且坚韧，前途发挥余力可称无限，偶尔想到"后来居上"这句老话，我们胆量为之一壮。

记事

二十二年十一月，公司呈请实业部创办氮气工业，随即奉到批示照准。我们首先着忙的，当然是打算调度人力和资本，其次才是搜集各种工程上必需的资料和制定施工方案，这个很费了一番心力，好在本厂的原料不仅简单，也是我们再熟习不过的。毕竟驾轻就熟，比新起炉灶顺便得多，人才缺乏，虽然古今同慨，我们惟有先请在职的旧同事，勉为其难，大家既同一目标，久共患难，谁也不甘自惜，个个都有余勇可贾，这是本团体的特色。资金确最使企业家踌躇，幸亏金融界同志事业心重，极力扶持，股本和债款不久都如数募足，值得我们感谢，创业的第一道难关，总算安稳渡过了。廿三年四月的股东常会，到会股东，全体一致通过董事会提议增资、发债、更正公司名义等三大要案，从此公司的事业，由制碱一门，进展到化学工业全般领域。世人常说永利今日的成功，虽然有种种原因，其中出自股东的体谅和协助，也极重要，不然，艰深的制碱工业，绝不会成于国人手里，这确实是个中真相，人所同感的。工程分两大部实施，在国内最急切的是选定厂址，公司派出同事多人，分途到各省探查，几处比较下来，都是短长互见，经过再次复勘，最后才决定了现在的卸甲甸。这里水陆交通，接近京沪重大都市，位于长江北岸，又自成一个独立区域，风土环境，无一不合建设大工业的条件，堪称上选。收买地皮，再烦琐不过，第一次买定一千三百多亩，什九都是农田，地主零星到极点，甚至一家只有几分地的，农村资产贫弱到这般地步，出人意外，说给正在忙着设厂制造农肥的人听了，自然免不了许多感慨。等到给价验收，又经许多波折，延到六月底才告结束。随即进行整理，划区开路，测定施工条项，建造码头和员工住室，这段披荆斩棘的工作，似易而实难，本厂幸得工业先辈张英甫先生主持，部署周详，丝毫没有遗憾。国外的任务，是设计全厂工程，定造征服空气的武器，我们这个是初次尝试，既没有经验，也绝无成见，惟有虚心坦怀，向先进国请益。四月初总工程师侯致本先生，率同久经训练的少壮勇士四人，作万里长征，先到纽约，和各国著名工程专家协商，苦于头绪纷繁，不容易轻下断案。到七月中旬，才和美国氮气工程公司签订了合同，根据公司预定的工程计划，负责绘图设计，这个合同成立，可说走进了氮气工业的大门，登堂入室，还要出几把汗。图样绘出来跟着就是采购机器，这第二道难关，本厂的机器非常复杂，一部分要耐高压和高温，既极笨重，又极要精密；一部分要耐高度的强酸，和普通化学工厂用的完全不同，加之我们资金有限，还要打算盘，处处非省钱不可。这个条件，确把负责的侯先生苦透了，他卒至凭着献身的精神，克服了一切，劳苦功高，在中国工业史上，永久不会磨灭的。九月本厂办公室落成，首都几位最关心这事业的同志，特到厂参观，同在办公室前撮影，永留纪念。十一月承实业部转请行政院，批准本厂出品、原料免税及债款保息各案，于公司信用和实力上，增益不浅，极感厚赐。国内外的工作，保持着严密的联络，函电往还，没有间断。到廿四年春初，进行愈加紧张，公司调任傅冰芝先生南来主持厂务，傅先生学问道德和他那宽厚的品性，在工务慌忙人心昂奋的时期，确是最适当的人选。二月美国氮气工程公司遣派的专家到厂，和我方各工程师极力促进安装和建造工作，每次有新图样寄到，随即施工，昼夜兼行，绝无停滞。国外定造的机器，从五月下旬开始运到，其中有很笨重的，特在沿江另造起重码头一座，专为起卸这类重件。那年国庆，恰好一百吨重的合成器运到了，上午正十点钟，在岸上鞭炮和欢笑声中，从六千吨海船舱面从容卸下，造出长江起重的新纪录。工程虽然因为缺少熟练工人和材料不应手，好几次发生恐慌，大体还算畅快。廿五年三月，侯先生结束了国外任务回来，席不暇暖，随即赶回工厂，从此亲自督工，进展愈加敏捷。到了冬初，全厂各部门的厂屋和大件机器，都先后竣工，只等户外管线接完，便可开试。计算起来，从正式着手施工，到廿五年年底，实在所费不过廿个月；从工作时间多少说，我们差幸未辱使命，还赶得上东方先进诸国，这是在事同人引为深慰的。廿六年春初实行试工，各室都没有遇着特殊障碍，实始意所不及料。二月一日本厂初次制出合成"安摩尼亚"，跟着第五天下午，我们最后的目的物硫酸铔，也居然降生了。三年来的企图，到今日乃告段落，千钧重担，安然卸下，这是何等痛快！从国民立场看，今日是我国人用近代化学威力征服空气的起点，从此利用厚生，万世永赖，何忧国难？何患国穷？始基已立，惟在同胞如何发扬光大而已！

敬谢

本厂事业，多承朝野各方同志，不吝指教和实力扶持，一切托庇遂行，了无遗憾，谨拜厚赐。本当趁工程告成，列举台衔，铭之金石，聊表寸衷：伏念诸公同情此事，全然出自为国兴业之热忱，故不敢以一商业公司资格称谢，徒伤高洁，决从省略，尚乞鉴原！

在事同人，三年以来备受艰辛，直接在厂工作者无论矣，即居协助地位如采购、会计各部以及附设各机关同人，其功绩亦十分显著，否则繁复之创造事业必无今日之圆满结果。同人心念民生国计，不敢告劳，崇高精神，至所欣佩。惟可告慰同人者，公司全员直接虽为永利效用，间接却为培养国力，社会凡百有益动作，虽无不如此，在永利为尤甚。二十年来几无日不在艰难苦斗之中，自股东以至员工，绝少计较个人得失者，故所得皆甚微薄，独于国民经济、工程技艺所贡献者则甚大，此为人所共知之事实，永利所以负得起重任，原因亦即在此。中国现在需要工业至急，需要从事工业者为国的精神尤急，正永利同人发挥自信之时期，幸共勉之。

永利硫酸铔厂建厂经过

邹秉文

一、前　言

国民党政府在一九三〇年十二月把原有的工商、农矿两部合并为实业部，并以原来的工商部部长孔祥熙为实业部部长。一九二八年工商部成立的时候，我充任该部的简任技正兼上海商品检验局局长。一九三〇年，上海商品检验局改隶实业部，我仍充原职。一九三一年夏，我被委派兼充中国氮气公司（即硫酸铔厂）筹备委员，代表实业部同英、德两公司商谈合作，拟在中国设立一个硫酸铔厂。同年十二月，我辞去实业部一切职务，另就上海商业储蓄银行副总经理兼农业贷款部经理。由于我一向是一个从事农业工作的人，对于中国建立第一个化学肥料厂始终抱着一个热烈的愿望。虽然在辞去实业部的一切职务以后，不再参加与英、德两公司的商谈，可是在此后的五六年当中，我则尽一切力量与永利公司的范旭东合作，迄未稍减。

约在一九三三年十月底，实业部同英、德两公司的合作商谈完全破裂，同时，永利公司事前已和上海四家银行有过一千二百万元借款的口头约定，乃于十一月二十二日呈请实业部备案，在南京对岸卸甲甸地方建立一个年产五万吨的硫酸铔厂。一九三七年二月，卸甲甸硫酸铔厂建成出货。当时有关人士莫不以最大的欢欣来祝贺这中国第一个化学肥料厂的诞生。

此事以国民党政府与英、德两公司商谈合作办厂开始，而终以永利公司自办结束，历时达五年零八个月。在当时，我同实业部，英、德两公司，永利公司以及上海各银行四方面都始终保持着相当的联系。现在，有必要将其中的经过情况，就回忆所及比较全面地写在下面，以供参考。

二、南京实业部与英、德公司会谈经过

这个会谈，分为一九三一年、一九三二年、一九三三年三个时期。

（一）一九三一年

孔祥熙在一九三○年十二月继任实业部部长以后，曾命技术厅会同工业、农业、矿业各司拟具十项实业计划，其中一项即创办硫酸铔厂。这项计划在上海各报发表以后，引起了当时在中国推销硫酸铔最多的英商卜内门公司（Imperial Chemical Industrles）和德商蔼奇颜料工业公司（I.G.Farbenindustrie, A.G.）的注意。因此，上海卜内门公司经理英国人翟光安（G.F.R.Jackson）在一九三一年夏写信给实业部，表示英、德两公司愿以它们两公司的总公司在欧洲创办硫酸铔厂的经验与中国政府合作组织中国氮气公司，在中国创办硫酸铔厂。据此，孔祥熙就派该部技监徐善祥和我在上海与英、德两公司作初步的商谈。英商代表是上海卜内门公司经理翟光安，德方代表是上海蔼奇公司经理舒溥德（Schubert），其后实业部又增派该部技正刘荫茀到沪参加商谈。商谈先后进行多次，地点都在上海卜内门公司。会初，英、德代表总是说中国自己不必办厂，因为英、德两公司的技术高，制造成本低，中国万难跟上，不如就买英、德货以增加农业生产等的滥调，来给中国代表们浇冷水。经中国代表严词驳复后，英、德方面始同意合作办厂，但必须先从调查入手，由中、英、德三方各派专家二人在中国各地从事调查原料来源以及设厂地点等事。

会后，徐善祥、刘荫茀回南京报告，我则赴天津找永利公司总经理范旭东另作商量。因为我们中有一部分人深知英、德两公司是帝国主义对半殖民地经济侵略的工具。它们的目的是在中国销货赚钱，同它们谈合作办厂，不啻与虎谋皮。若办硫酸铔厂不如中国人自己动手，绝不可依赖外人。因此，我的第一步骤是请范旭东参加国民政府筹建硫酸铔厂的工作。我到天津晤范后，首先把在上海同英、德两公司会谈的经过，对他作了详细报告，随又敦劝他加入筹备委员会。他表示接受。范当时还托我带一封信给孔祥熙，并附有黄海化学工业研究社所拟的《创立氮气工业意见书》一份，我回上海后都当面交给孔祥熙，并切实介绍了范旭东之为人以及永利公司最近在制碱事业方面的巨大成就。孔同意发展范旭东为中国氮气公司筹备委员。我在一九三一年九月十二日晤孔后，即发一侵（十二日）电致范说明孔已聘他为筹备委员，并促他从速到上海开会。

范旭东在一九三七年二月永利公司卸甲甸硫酸铔厂开幕的时候，曾作了一篇《溯源》，其中谈到一九三一年九月十八日他收到实业部氮气公司筹备委员聘书的事，他说：

……实业部索性再进一步，在上海设立筹备硫酸铔委员会，委员人选比较宽泛，金融、工业以及上海各界名流都择要聘任，一鼓作气要把这工业办成。记得通知书送到公司，恰好是九一八那天，大家的情绪极不自然，无意中都想到氮气工业和国难的因果，更叫人兴奋。试思一九一五年的德国，不遭敌军包围、国亡无日的危机，这门工业或者到今日还是空中楼阁。中国在这个当儿要办氮气工业，我们决不要忽略这段史实。这是我们当日大家的口约，回忆起来，真是感慨无量……

范旭东的爱国心切，在这里又一次看到。

一九三一年九月二十八日，范旭东在上海整天出席了实业部召开的筹备委员会。他在九月二十九日致余啸秋的信里，说他将于九月三十日晚乘德和轮船赴汉口，转黄石港及湘潭两地作实地调查，为将来设厂地点做准备。由此可见，他对于办硫酸铔厂是何等的热诚与努力。

关于筹备委员会的全部委员，根据我的回忆一九三一年孔祥熙所发表的除范旭东外，只有徐善祥、邹秉文、刘荫茀，后来又加入陈调甫、王百雷两人，一共是六个委员。至于范旭东所说，委员人选比较广泛，金融、工业以及上海各界名流都择要聘任的话，恐怕是在记忆中同陈公博（一九三二年、一九三三年的实业部部长）在一九三二年所发表的筹备委员名单有所混淆了。一九三二年陈公博所发表的筹备委员除了孔祥熙所发表的六人外，就我所知似还有程振钧、吴蕴初、刘鸿生、史量才、张公权、陈光甫、宋子良、郭秉文八人。

陈调甫是范旭东介绍为中国方面调查员之一，因而参加筹备委员工作的，他在一九三一年九月到上海从事调查工作。调查员成员，除中国方面的陈调甫、王百雷两人外，英国方面为宋谱声（M.T.Sampson）、季培德（J.W.Gibb）；德国方面为华伦好司（I.Fathrenkorst）、伊宣恩（E.Schoen）。六位专家于一九三一年十月由上海出发，经南京、武昌、汉口而到达湖南的长沙、湘潭、常宁、松柏、株洲等地，调查了煤焦和磺铁矿的质量、储量以及其分布情形，同时对于设厂的地点也在沿途进行了勘察。十二月下旬调查完毕由湖南回到上海整理报告。待至一九三二年，他们又作了第二次的调查。

我个人在一九三一年原是积极参加实业部与英、德两公司商谈工作的。后来看透了帝国主义经济侵略的本质，对于合作的信心就越来越小。范旭东参加筹委会，对于建立硫酸铔厂诚然是一件极大的助力，不过我心中仍然有些不安，即国民政府同英、德两公司商谈合作办厂，终必无成。可是中国人自己办厂，不管是永利主办，或由其他厂商主办，终须请一个外国公司代为设计，并帮助解决技术问题。如果由欧洲的公司来承办，英、德两公司就很容易从中破坏；如果用欧洲以外的公司，则究竟以找哪家公司为宜。正在不时筹思的时候，一九三一年九月得到了一个意外的收获。那时我尚在上海任商品检验局局长，忽有一美国人蒲柏上校（Col.Frederick Pope）投刺请见，名片上载明为美国氮气工程公司总经理（President，Nitrogen Engineering Corporation），住址为美国纽约市第5街535号（535 Fifth Avenue，New York City，U.S.A.）。接谈后，据蒲柏说，他的公司曾为苏联、日本等国设计创办硫酸铔厂。今路过上海，听说中国政府有意创办硫酸铔厂，特来奉访。并说，他的公司并不出售机器，只代人设计图样、帮助选购机器、主持装配机器和指导设厂等技术工作。经过多次谈话之后，我始感到我们已在欧洲之外找到一个大公司，可以帮助设计，在我国创建第一个硫酸铔厂而不怕英、德两公司从中捣鬼了。我当即要求他在最短时期内给我两个估计：分年产七万吨及三万五千吨硫酸铔的两种，并将它们的建设费及每吨硫酸铔的生产成本分别列估。我并把蒲柏分别介绍给范旭东、孔祥熙和徐善祥。以上两份估计，蒲柏在一九三一年十月十七日从日本寄来。年产七万吨的厂的建设费为三百五十二万美元，每吨硫酸铔的生产成本费为银洋九十二元六角五分；年产三万五千砘的厂的建设费为二百一十三万五千美元，每吨硫酸铔的成本费为银洋一百零三元二角五分。我立刻就把两份英文估计书和蒲柏一九三一年十月十七日给我的信打了副本，分别寄给了范旭东和徐善祥。寄给范的副本现仍保存在北京永利化学工业公司的案卷内。

由于蒲柏的出现，第一，对我主张国人自办硫酸铔厂增加了信心；第二，对永利建设硫酸铔厂也起着促进作用。而实际上，后来永利公司在南京卸甲甸建设硫酸铔厂，即是由蒲柏的氮气工程公司负责设计监造的，所以在这里附带地说明一下。

（二）一九三二年

中、英、德三国调查员在一九三一年十二月下旬由湖南回到上海不久，恰巧"一·二八"日本帝国主义侵华事变发生，上海炮火连天。同时，由于调查员对于制造硫酸铔的原料的全面情况调查得还不够明了，因此，陈、宋、季、华、伊五位调查员又在一九三二年二月十四日再赴株洲进行调查，直到三月十六日始返沪作报告。调查既毕，英、德双方经实业部不断地催促始迟迟地送到一份极其笼统的估计书，年产硫酸铔四万五千吨的厂的建设费为银洋一千五百万元（每一英镑折合银洋十四元），年产硫酸铔三万吨的厂的建设费为银洋一千一百万元。实业部认为估计书过于笼统，要求它们分门别类地重新作出一个详细估计。可是这项估计直到一九三三年十月会谈破裂时为止，也没编送来。

一九三二年六月，上海卜内门和蔼奇两公司曾送交实业部一草约合同大纲，经实业部修改后方与签订，并附带声明：本草约以六个月为期，在此期内，英、德双方应赶快完成设厂计划和精密的估计。但由于设厂计划和精密的估计迄未送来，所以同英、德两公司签订的草约合同大纲也就逾期失效。

（三）一九三三年

一九三三年一月，英国帝国化学工业公司（即上海卜内门公司在英的总公司）派遣了柏烈上校（Col.Pollitt）到中国来，并携来一份建议书送交实业部。建议书首先谈到英、德两总公司在世界所生产的硫酸铔每年在七百万吨以上，占全世界化学氮素肥料消费量的85%。建议书对中国所提条件，充满了帝国主义对半殖民地经济侵略的火药气味。其中最苛刻的条件是，在十二年内中国政府不得在湖南、湖北、江西、安徽、江苏、浙江、福建、四川八省和任何其他公司开设新厂，以及上海英、德两公司组织联合公司包销中国氮气公司所出产品等项。当时实业部认为条件苛刻不能接受，乃通知英、德两公司中止会谈。可是英方野心不死，在一九三三年十月又派了总公司的总经理兼董事长麦高温爵士（Sir Harry McGowan）来到上海，继对宋子文施用压力。彼时宋子文任全国经济委员会主任委员。十月十六日下午在上海祁齐路（现名岳阳路）宋子文家里开会。到会的有宋子文、陈公博、麦高温、拉西曼（宋的顾问，波兰人）、徐善祥、刘荫茀和谢琪（宋的亲信，时任税务署署长）。会谈的时候，每人面前都放有一份和柏烈上校前送交实业部的建议书相同的英文建议书。经讨论后不得解决。当即由宋、陈指定徐善祥、谢琪、刘荫茀三人与卜内门公司代表于十月十七日、十八日两天在税务署继续会谈。会谈之日，英方仍坚持要求包销产品和十二年内不得在八个省内与任何其他公司建设新硫酸铔厂，会谈仍无结果。最后由实业部通知英方，条件不能接受，麦高温大约在十月下旬离沪返国。麦高温在离开上海的前夕，曾请我和陈光甫以及少数的上海银行界人士在南京路华懋饭店酒会告别。我看到麦高温的态度始终是悻悻然有所不适，当时我充分地了解了这个帝国主义经济侵略的代表的失望情绪。

很显然，帝国主义者对华的经济侵略不会很轻易就这样罢手的。一九三三年十一月上旬，我在上海接到孔祥熙的长途电话，约我到南京谈硫酸铔厂事。当时据孔妻宋霭龄对我说，麦高温有私函致孔说，关于硫酸铔厂一事，是中英经济合作的第一件事，此而不成，以后就更难望成功等语。于此可见，麦高温对宋子文施用压力不成后，转而又对孔祥熙施用压力。其实，孔脱离实业部已有年余，那时他正任财政部部长，对于办硫酸铔厂进展到什么程度，已很隔阂，有待了解。我到宁和孔见面后，将与英、德两公司会谈的经过详细地对他说明，并告他永利公司已同上海四家银行口头上谈妥了一千二百万元的借款，我们决心在中国自己办一个年产五万吨的硫酸铔厂，不必与英商再作无谓的纠缠。我乘当日夜车由宁返沪。记得在回沪前，宋子文的顾问拉西曼来见我，托我替他带一封信给卜内门公司。我第二天早晨八时刚到上海银行时，卜内门公司的董事帛路威（Blewett）已经在办公室守候取信了。信的内容我无从知道，但由此足以证明帝国主义者是多方勾结，无孔不入，以遂行其经济侵略的。

三、创办第一个硫酸铔厂的经过

永利创办硫酸铔厂和硫酸厂、硝酸厂的意图，不始于一九三三年十一月二十二日具呈实业部请求设厂备案之日，而是自一九二九年一月呈请工商部请求建设"国立酸碱厂"之日起。范旭东和他的永利同事们一九一七年在塘沽创办永利碱厂，经过了十二年艰苦卓绝的奋斗，始底于成。一九三三年范旭东在他自己写的文章里曾这样说过："我们在世界秘密中寻出一条路线。受尽工业技术上折磨和世界托拉斯的压迫与利诱，差幸还没有屈服。现在每年进口的洋碱由一百万担减至四十八万多担了。"一九二九年永利制碱成功，范旭东要求国民政府以二千万元办酸碱厂，其中以六百万元办碱厂，以巩固永利已有的发明，以八百万元办硝酸厂，而以六百万元办硫酸厂。但是实业部对于建设毫无实际，徒托空言，在一九二九年四月批复永利的公文里，句句都是空话。所幸一九三三年秋间，上海各家银行对永利一千二百万元借款的口头约定成立。范旭东和他的同事们又把办永利碱厂的那种艰苦卓绝的精神，投入到创办南京卸甲甸硫酸铔厂事业中去，终于在一九三七年二月五日出产了中国自己制造的第一批硫酸铔。在很多人的心目中范不仅为祖国的农业第一次制成了化学肥料，同时也为祖国的工业制造了大量的硫酸和硝酸，并且贯彻了他的一九二九年一月创设酸碱厂计划中的最重要部分。另外，我在永利案卷内看到早在一九三一年六月三十日（在我晤见蒲柏上校的前两个月），范旭东为了中国的化肥事业曾与美国氮气公司的一个名叫白斯脱（W.H.Baxter）的工程师在天津见过面，随后又通过信。在永利公司与美国氮气公司合同成立之后，白斯脱即来中国，在南京卸甲甸驻厂帮助安装机器等事。从上面的事实看来，范旭东筹划创办化肥厂和酸厂，即使不始于一九二九年一月，至少也是在实业部和英、德公司商谈合作之前，而绝不在商谈合作之后。不过同英、德两公司商谈的破裂，却促使他以及其他有关各方面增加了信心，大家齐心协力帮助永利成功。

关于创办硫酸铔厂，从我个人与范旭东的接触以及我这次在永利卷内所看到的一些文件，似乎在一九三三年夏间，他对办厂技术方面已具有相当的把握，而对资金来源方面却缺乏信心，所以总是戚戚然不敢急于前进。记得在一九三二年春夏之间，我看到同英、德公司商谈合作办厂已是希望极小，当即力劝范继永利办碱成功之后再为国家办好第一个国人自办的硫酸铔厂。那时他向我诉苦，详细说出了他办碱厂的种种困苦遭遇，并说在塘沽碱厂出碱的第一天，他买了一串爆竹，自己爬上工厂的屋顶燃放，以舒十二年来的闷气。一九三二年七月，我有一次到上海南京路华安大楼访范，见他一人坐在房里发闷。问起缘由，才知道了永利碱厂为了扩张烧碱厂添购机器设备，要向上海某家银行商借三十万元，但条件苛而利息高，因而气闷。后来有人出来设法删改条件，减低利息，改由上海商业储蓄银行与浙江兴业银行合借三十万元，其事始成。这件事虽很小，可是范旭东从此就同上海银行界发生了关系。范的永利制碱厂和久大精盐厂都设在塘沽，与北方各银行大多素有往来，通过这次借款之后，也就注意同上海各银行来往了。一九三三年春夏之间，我和范旭东计议，永利如果能有四百万美元或银洋一千二百万元，当可办一个年产五万吨的硫酸铔厂。又此一千二百万元倘由上海、浙江、金城、中国四家银行各认三百万元并非不可能的事。计议既定，我先同上海商业储蓄银行陈光甫商谈，在数小时之内首先得到他的首肯。继又偕同陈光甫向浙江兴业银行徐新六提议，在不多几天之后徐也同意了。金城银行周作民方面是由范本人去联系的，也无异议。只是中国银行张公权方面，我先托贝淞荪（中国银行副总经理）向张商谈，起初并不怎么顺利，我不愿鲁莽偾事，遂改由范旭东持周作民函再向张洽商，终算得到张的同意。这项一千二百万元借款，遂在一九三三年九月前取得四家银行的口头约定，可是对外并没有发表，免致另生枝节。迨至国民党政府同英、德两公司商谈破裂之后，在实业部方面也公开地表示希望范旭东出来主办，他这才于一九三三年十一月二十二日具呈请实业部备案并积极进行建厂工作。

自一九三三年十一月二十二日呈部备案之日起，到一九三七年二月五日南京卸甲甸硫酸铔厂出货之日止，为时共三年零三个月。在这期间，根据那时我和范旭东以及和其他各方面的接触与最近在永利案卷内所看到的文件，综合起来，拟就技术方面、银行方面和国民党政府方面的情况分别写在下面。

（一）技术方面

根据范旭东一九三七年二月所写的"记事"一文里所谈，实业部呈奉行政院会议批准永利公司呈请在卸甲甸建设硫酸铔厂是一九三三年十二月八日，在呈准备案之后，永利总工程师侯德榜即于一九三四年四月偕同该公司的技术人员杨运珊、章怀西、许奎俊等同赴美国纽约。在他们到达纽约以后，首先要解决的事，就是需要选择一个为永利设计硫酸铔厂的设计公司。当时与侯德榜商洽者属于欧洲国家的公司有克罗特（Claude）、卡塞利（Caeale）和福塞耳（Fauser）三家。可是它们所要求的设计费都非常之高。例如，福塞耳所开的设计费即高达三十四万二千美元。这个数字恰好与一九三一年六月英、德公司开给实业部的草约其中建厂设计费为银洋一百万元（约等于三十四万美元）相同。侯德榜在一九三四年六月二日写给范旭东的信里曾这样说："……欧洲各家或因与远东已有关系，或因别有理由，开价不免过高……"最后，侯德榜终与美国氮气公司签订了合约，设计费由初开的十九万美元减到十万零二千美元。协约既成，偕同侯总工程师去美的永利技术人员即由美国氮气公司分别介绍到各有关工厂实习，以便日后回国在硫酸铔厂工作。

范旭东在给实业部所写的某文中，曾这样说过："……美国氮气公司所绘全厂设计图样有七百余种，该公司为设计分别发出询价及工作说明信件不下三万封，事之繁复可想而知……"

一九三五年春，设计绘图工作陆续竣事，开始向欧美各专业厂家订购各种机件。这些机件从一九三五年五月到一九三六年间陆续运到南京卸甲甸，同时，美国氮气公司还先后派来技师三人驻厂指导建筑厂屋安装机件。其中有一人最先到而驻厂最久的就是一九三一年六月到过天津和范洽谈氮气化肥的白思脱。

一九三五年四月，永利派赴美国实习的三位技术人员相继回国，帮同安装机件。侯德榜亦于一九三六年四月自美回国，住在卸甲甸工厂亲自指挥工作。一九三七年二月五日卸甲甸硫酸铔厂出产了第一批硫酸铔成品。范旭东在他一九三七年二月所写的"记事"里曾这样说道："……列强争雄之合成铔高压工业在中华于焉实现矣。……"

（二）银行方面

上海商业储蓄银行、浙江兴业银行、金城银行和中国银行虽在一九三三年九月先后与范旭东有过由四银行分认银洋一千二百万元以助永利公司在中国建设一个年产五万吨硫酸铔厂的口头约定，可是正式合同的签订以及款项的支付，首须永利具备有向银行筹借巨款的条件，并且在手续上和数额上也须符合国民政府的法令。为了完成以上的条件和手续，永利和银行方面除签订了一些协议外，并分别进行了下面的步骤。

（1）银行派员清查永利账目

为了切实估计永利公司资产负债相抵后，是否仍有确实可靠的资金以为日后增股筹债的基础，上海借款的四家银行因于一九三三年底公推上海商业储蓄银行和中国银行分派会计人员前往天津永利公司查账。查账结果，证明了永利所提出的数字确与账本相符。

（2）永利增股

永利原名"永利制碱公司"，股本二百万元，负债一百七十三万元。由于添办氮气工业，于一九三四年三月，更名为"永利化学工业公司"，并增加股本。除旧股二百万元外，另增新股二百万元由上海商业储蓄银行认一百万元，金城银行、中南银行各认五十万元。实际上，永利公司财产已有五百五十万元之数，计超过增股后的一百五十万元，于是把旧股二百万元升为二百九十万元，新股二百万元升为二百六十万元，合成公司股本总额为五百五十万元。

（3）发行公司债及订立透支契约

永利公司的整个"公司债方案"进行过程不太简单，先后历时达三年以上。可以分作两个阶段：（甲）永利与银团订立第一次公司债五百五十万元合约（初名质押透支借款五百五十万元，合约是在一九三四年十二月一日签订的，后又改为永利第一次公司债国币五百五十万元，银团经理合同是在一九三六年一月十二日签订的），其中上海商业储蓄银行、中国银行各担负一百五十万元，浙江兴业银行一百万元，金城、中南两银行各七十五万元。后来，由于进行建厂，又于一九三六年五月二十六日签订了一个临时透支借款合约计一百一十万元，其中上海、中国两银行各担负三十万元，浙江兴业银行二十万元，金城、中南两银行各十五万元。（乙）永利在硫酸铔厂即将出货的时候，事业扩大，需用剧增，拟改发公司债一千五百万元，分两期发行，第一期实发国币一千万元，用以归还银团旧公司债五百五十万元以及临时透支借款一百一十万元，其余的用来增办一个新的碱厂、一个炼焦厂、一个炼磺厂、一个烧碱溶液厂和补充硫酸铔厂设备，并先从炼焦厂办起。这项公司债是永利公司呈准实业部提请行政院转交中央政治委员会予以特许，在一九三六年十二月一日通知了银团。但由于法定手续办得迟缓，而一九三七年"七七"事变爆发，抗战军兴，银团因此对这项公司债合同就没能够会签。然而事实上，到了这个时候，各银行给永利陆续支用的已有九百七十余万元，计中国银行、交通银行（新加入）、金城银行各二百万元，上海商业储蓄银行一百八十万元，浙江兴业银行一百二十万元，中南银行一百万元，这同发行公司债一千万元在支用数目上已是没有什么差别。上项九百七十余万元借款，永利公司自一九四三年起至一九四八年止先后以国币完全还清。

各银行几年来投入永利之资金，截至"七七"事变抗战军兴之日止，连同参加永利公司的股本在内，计上海商业储蓄银行为二百八十万元，金城银行为二百五十万元，中国银行、交通银行各为二百万元，中南银行为一百五十万元，浙江兴业银行为一百二十万元。此数同上海四家银行在一九三三年与范旭东口头约定的借款总额完全相符，只是增加了中南银行、交通银行两银行。

（三）南京国民党政府方面

永利公司在决定创办硫酸铔厂以后，除呈准实业部备案以及发行公司债呈请政府核准外，当时还有四件事要求国民政府予以核办。兹分述如下。

（甲）永利卸甲甸硫酸铔厂的产品计有阿摩尼亚、硫酸、硫酸铔、硝酸、硝酸铔、硝酸石灰六种，要求国民政府豁免出口转口税，并核减原料及成品运费至相当年限。国民政府最初批复是除硫酸及硝酸外，所有原料及成品均减免出口转口税十年，后来又延长为三十年。在原料及成品的铁路运费，铁道部原有运输特价办法，应准援案办理。

（乙）永利发行公司债五百五十万元，年息七厘共为三十八万五千元，要求国民政府每年准由政府暂为垫付，以五年为限，以后再由公司分年偿还国民政府。国民党政府对这一要求的批复是原则通过。实际上，永利对于五百五十万元的债息始终是自己支付的，而国民党政府并没有付出一文。

（丙）永利建厂所用的进口机器和钢材，照章应付进口税四十万元左右，要求国民政府援照兵工厂购料成例，豁免进口关税。此案国民政府迄未批准，不过在一九三六年五月行政院曾给永利奖励金二十万元。永利就用它抵付了进口关税的一半，似也可以视为减免了进口关税一半（二十万元）。

（丁）永利公司所用的煤焦，都是来自山东南部以及沿长江各矿，其中除了沿长江各矿水路运输，永利公司已经筹有办法外，关于山东南部的煤焦，则由津浦铁路运到距卸甲甸厂地还有二十五里的浦镇，然后再由永利自行设法从浦镇运到卸甲甸工厂，耗费了大量的人力、物力、财力。永利要求铁道部修筑由浦镇至卸甲甸长二十五里的铁路支线一条。但是铁道部直到南京解放时为止，对于这段长仅二十五里的铁路，公文上虽予批准，实际迄未修筑，中华人民共和国成立后，人民政府建成这条铁路。

（原载中国文史出版社《化工先导范旭东》）

苦海盐边创业纪实

张高峰

几十年前，年轻的实业家范旭东立志为中国的化学工业闯出一条新路，振兴中华。一九一四年，他在苦海盐边的塘沽，首先创办了中国第一个精盐厂，接着一九一七年又创办了中国第一个纯碱厂，继而一九三四年在南京创办中国第一个生产化学肥料的硫酸铔厂。酸、碱、盐是化学工业不可缺少的原料，世称"化学工业之母"。范旭东不愧是中国化学工业的开路先锋。

久大盐业公司塘沽制盐厂、永利化学工业公司塘沽制碱厂，作为民族资本工业，它们经历了一段十分艰难、曲折的历程才成长起来。

探求中国自强之道

一八九四年甲午战争，中国失败，与日本签订了丧权辱国的《马关条约》。全国上下群情激愤，一些爱国之士图强思变。年少的范旭东深受新思潮的影响，探求着中国的自强之道。一九〇〇年范旭东随兄东渡日本求学，在京都帝国大学攻读化学，以求科学救国。一九一一年辛亥革命爆发，范旭东由日本回国。应师友、财政总长梁启超的聘请，他到财政部做个小官，参与整顿造币厂的工作，拟为整顿中国币制做一番事业。但终因官僚政府积弊太深，计划无法实现，范氏仅干了两个多月，便愤然辞职，他一生中只做这一次官。范旭东曾说："两个月的官府生活，我却饱尝了官场的朽味。也好！迫使我另觅途径。"

不久，其兄范源廉出任北洋政府教育总长，他为范旭东找到一个赴欧洲考察盐政和工业用盐问题的机会。那时英、德、法等国的工业已很发达，对比之下，中国太落后了。尤其是对盐的用途，中国只知食用，而且盐质不洁，极不卫生，更不会使盐变性，制成纯碱，促进化学工业的发展。因此，范旭东产生了这样的想法：中国必须自己制造一种标准的精盐，抵制进口精盐的倾销；中国必须自己能利用盐制纯碱，抵制洋碱进口，保证中国化学工业的发展。范旭东在欧洲考察近一年，所见所闻，更坚定了他的"科学救国"思想。

范旭东从欧洲回国后，提出改革盐政的设想，主张"取消专商，废除引岸，改良盐产，统一税率""特殊奖励工业用盐""工业用盐无税"等等，写成方案，报请政府审查。这引起当时盐务署顾问景学钤（本白）的重视，他曾约范长谈如何实现他的方案。当时财政部盐务署署长张弧对范氏的建议也很有兴趣，曾问范旭东："咱们自己办一个精盐工厂如何？"范氏当即回答："我们能够办到。"

当时国内政局极不安定，没有兴办工业的条件，盐政同样无改变可能，食盐运销依然被引岸垄断，官商勾结，操纵国计民生。范旭东的盐政改革方案，兴办工业的愿望，欲求实现，非走一条坎坷、曲折的道路不可。

首创制造精盐工业

一九一三年秋，在范源廉的支持下，范旭东只身来到渤海之滨——盛产长芦盐的塘沽。他找到一个跛脚的穷孩子张汝谦做向导，在塘沽各处察看。这里尽是残垣断壁，满目疮痍。十三年前，八国联军的炮火把塘沽"一扫光"的痕迹迄未泯灭。在小道上缩着脖子，踽踽而行的是中国人；在大道上荷枪巡逻，耀武扬威的是各国洋兵。此地此景，引起范旭东的叹息。然而塘沽终究是名不虚传的天赋盐都，那由近处向远方伸展开去的白皑皑、晶莹莹的盐坨，又给范旭东以希望和力量。塘沽东、南两面荒碱地改成的方田内，由渤海之水，经自然蒸发晒制成的粗盐，堆积成山。

范旭东在张汝谦的引导下，居然发现一家通州盐商用土法熬制精盐的小作坊，但小锅小灶，产量极少，且不知注意盐质，只为应市谋利，成不了大业。

塘沽不仅有丰富的盐产，还有方便的海陆交通，又有相距不远的唐山煤炭。原料、燃料、运销都具备较好的条件，范旭东认定塘沽是天赋的以盐为主要原料的化学工业基地。

回北京后，范旭东把他在塘沽的见闻和设想，与盐务署顾问又是《盐政杂志》主编的景学钤商议，计划在塘沽筹建精盐工厂，提高盐质，改进食盐，并抗阻外国精盐进口，挽回利权。这个倡议得到乃兄范源廉及师友、社会名流梁启超、李思浩、王家襄等人的赞同。由范旭东、景学钤、胡浚泰、李积芳、胡森林、方积林、黄大暹为发起人，梁启超、范源廉、李思浩、王家襄、刘揆一、陈国祥、左树珍、李穆、钱锦孙等为赞助人，在塘沽创办精盐工厂以及试制盐的副产品。

一九一四年十一月二十九日召开了第一次筹备会议，决定募股五万元，作为筹建资金，由发起人分别募集，其中范旭东负责募集两万五千元。到一九一五年三月二十一日，先后召开了四次筹备会议，募得股金三万三千余元，不足者继续募集。到一九一五年四月十八日召开第一次股东会议时，实收股金四万一千一百元。

范旭东再次亲临塘沽，买下通州盐商开设的熬制精盐的小作坊。范旭东决心在这苦海盐边，在这受辱的乡镇，兴办中国第一个精盐工厂，为中国的现代化学工业奠基。

一九一四年七月呈请北洋政府财政部盐务署批准立案，在塘沽筹建久大精盐工厂。一九一五年六月破土动工，购地十六亩有余，建筑厂房。机器设备由范旭东亲自赴日本调查购买，一部分交上海求新工厂制造。十月三十日，久大精盐工厂的建筑安装工程全部竣工，十二月一日呈报开始制盐，十二月七日获得批准，久大正式投产。这时，范旭东特地遣人把两年前引导他在塘沽各处察看的跛脚穷孩子张汝谦找来，安排在久大做了工人，让他也有献身中国工业的机会。

久大精盐厂所产的精盐，商标为五角形的海王星。在天体中，海王星循环运行，寓意久大自强不息，象征为民造福。

久大精盐品质纯净，色泽洁白，广受欢迎，获得空前成功。但在社会上一片颂扬声中，却也有一些人咬牙切齿地诅咒"久大久大，不久不大"，这是来自那些封建运盐专商的啧啧谰言。

中国盐政承袭封建旧制，食盐销售权都在少数盐商手里。这些运盐专商又分引岸、纲商、票商、包商、指定商等，各据一方，都有专卖权，不许别地别人插手，否则就叫"越界为私"，以私盐论处。久大精盐的运销受到了抵制，开工初期，主管方面只许在天津东马路设店行销，这使久大的生存和发展受到极大威胁。后来，久大同人得知当时的风云人物杨度与袁世凯的关系密切，便千方百计拉拢杨度入股。杨拿了两瓶久大精盐送给了袁世凯，袁表示赞赏，高兴之余，给了久大五个口岸的销售地。从此，久大精盐才在长江流域的湘、鄂、皖、赣四省打开了销售局面。

久大精盐闯进长江流域，这是中国盐政史上破天荒的事件，立即引起口岸淮商的极大不满。他们全力对抗，并勾结地方驻军以筹措军饷、预借税款等手段，威胁久大。范旭东奋力策划经营，南北奔波，备尝创业之艰辛，终于战胜淮商。

久大精盐初期日产量只有五吨，每年可赚五六十万元。一九一九年扩建西厂，事业蒸蒸日上，每年产量最高达六万二千五百吨，从此稳固了根基。

一九二二年，第一次世界大战后的华盛顿会议决定：日本继德国之后在中国山东掠夺得的各项权利，都要归还中国，其中包括日本在青岛的盐场和制盐设备，但又规定日本每年需要青岛盐，可向中国购买。当时北洋政府无能，国库空虚，纵或收回青岛盐田和制盐工厂，也无力经营，只有招标商办。范旭东鉴于久大精盐公司的职责，决定投标应承。盐务署知道久大经营盐业既有经验又有技术，愿交久大承办。范旭东团结当地盐商，共同组织了永裕盐业公司，承接了政府收回的日本在青岛的全部盐产。

一九三一年"九一八"事变后，日寇窥伺华北，局势紧迫。范旭东于一九三六年冬将久大精盐公司改为久大盐业公司，扩大经营范围，进入两淮盐区，又在江苏大浦建立盐厂，为塘沽久大精盐厂准备退路。一九三七年"七七"事变发生，大浦盐厂即首先迁往抗日后方四川，随后塘沽久大盐厂人员亦入川，在自流井建厂制盐。

变盐为碱的苦斗

碱是人民生活离不开的东西，又是化学工业不可缺少的原料。范旭东在欧洲考察时，深深感到一个国家如无制碱工业，便谈不到化学工业的发展。他之所以先创办精盐工厂，正是为了下一步变盐为碱，然后再发展制酸工业，孕育强壮的中国"化学工业之母"。

中国工业落后，人民习惯食用的天然碱，产在张家口、古北口一带，俗称"口碱"。把天然土碱化成碱水，再凝成碱块，加工粗劣，杂质很多，类似黄泥，影响人民健康，且不能用于现代工业。

大约一九〇〇年八国联军侵华战争以后，英商卜内门公司的洋碱开始倾销中国，独霸市场。总公司设在上海，在各大商埠、城镇都有分销店。上海卜内门公司经理李立德原是传教士，熟悉中国国情。最初他雇用中国人挑着洋碱，他摇着串铃沿街叫卖，当场表演，逗引行人使用。洋碱是用化学方法生产的，含碳酸钠99%以上，质量远远超过土碱，而且价格低廉，不论工业、民用，都受欢迎。

一九一四年，第一次世界大战爆发，欧洲战场激烈，交通阻塞，卜内门洋碱中断，过去旧存的洋碱价格飞涨，引起民食和工业用碱的恐慌。

值此时刻，范旭东创办制碱工业的夙愿，促使他在坎坷的道路上再前进。中国应该有自己的纯碱工厂，不能再仰人鼻息，让卜内门的洋碱控制中国的国计民生。一九一七年，范旭东与各方友好商议，积极筹划在塘沽兴建纯碱工厂。事有凑巧，在即将行动之时，陈调甫、吴次伯、王小徐三人从上海来到塘沽，慕范旭东之名，特地拜访，彼此志同道合，旋即携手在塘沽创办中国第一个制碱厂。

吴次伯原在苏州设厂制造汽水，因见市场纯碱奇缺，有利可图，有意改产。陈调甫，苏州东吴大学化工系毕业，曾试制纯碱，应邀与吴筹建碱厂。王小徐留英学生，擅长数学、电工、机械，在上海任大效机器厂厂长兼总工程师，也参加了吴次伯筹建碱厂的工作。三人特地到北方产盐区考察，选择厂址，先到塘沽东的汉沽，南返时又到塘沽。范旭东在久大精盐厂接待了他们，彼此畅谈兴建纯碱工厂的见解。范旭东认为在塘沽办碱厂的条件最好，当地盛产原盐，一百多里地之外有唐山的煤，再往东不远有滦县的石灰石。塘沽面临渤海，背靠铁路，交通方便，又有久大精盐厂作为支柱，只要大家同心协力，碱厂必然降生。

范旭东当时家住天津日本租界的太和里，就在他的家里，陈调甫、王小徐和他三人亲自操作，仿当时世界上最先进的苏尔维制碱法做小规模的试验，居然出了纯碱，这就更增强了他们在塘沽建碱厂的信心。吴次伯感到厚利在望，自告奋勇回上海募股银洋三十万元。可是他认识的富商大贾们多愿干转手间得大利的生意，对资金周转慢的重工业，多不肯投资，更不考虑什么国家民族利益，吴次伯知难而退，中途散伙，不再到塘沽，募集股金工作主要落在范旭东身上。

范旭东创办久大精盐厂的成绩，有目共睹，社会声望不断提高。当他发起创办碱厂时，久大的股东、久大各地的代销商、银行家、官僚、议员、盐官各色人等，纷纷投资。特别是久大精盐厂是碱厂的最大股东，还有金城银行也是碱厂的重要经济支柱。

一九一八年十一月，在天津召开碱厂创立会，发起人是范旭东、陈调甫、王小徐、景学钤、张弧、李穆、聂云台。当时张弧是财政部盐务署署长，李穆是长芦盐运使；聂云台是上海商会会长，他开办有恒纱厂，在上海的股金，大部分是他募集的。

一九一七年决定筹办碱厂时，范旭东等联名向财政部盐务署备案，得第一千四百一十五号训令特许立案。一九二〇年九月奉到农商部批准以第四百七十五号注册，定名为"永利制碱公司"，设工厂于塘沽，资本总额定为银洋四十万元，特许工业用盐免税三十年。凡在塘沽周围百里以内，他人不得再设碱厂，并规定公司股东以享有中国国籍者为限。

一九二〇年五月九日，永利召开第一次股东会，选出范旭东、景学钤、张弧、李穆、周作民、聂云台、陈栋材为董事，选出黄钧选、佟陀公为监事。由董事会推选范旭东为总经理。周作民，日本留学，研究经济，曾任财政部钱币司司长，当时为金城银行创办人兼总经理。陈栋材是前江西督军陈光远长子，陈光远对永利热心支持，大量投资，还广为募股，但他不愿出面，故由其子任董事。黄钧选为众议院议员，佟陀公当过长芦盐运使署高级官员。

一九一八年，永利碱厂召开成立大会后，范旭东即派陈调甫去美国学习，考察制碱工业，招聘人才，寻求设计部门，以及考虑订购设备。陈到美国后，首先访问了纽约华昌贸易公司总经理李国钦，请李在美国协助筹建碱厂，主要是介绍得力的技术人员，其次是寻求设计和订购设备。李国钦欣然接受。他相信范旭东创办碱厂必能实现，故请孟德（W.D.Mount）为永利的顾问工程师，约定设计费用两万美元。孟德介绍了一位美国制碱专家G.T.李（Lee）到塘沽协助工作，永利计划采用当时最先进的苏尔维制碱法。

永利碱厂的设计图纸是由美国专家在美国主持进行的，可是许多实际工作由中国留学生参加，其中包括了后来誉满世界化工界的制碱专家侯德榜博士。侯氏当时毕业于美国哥伦比亚大学，专攻制革，获化学工程博士学位，正准备回国工作，经李国钦介绍认识了陈调甫，陈又向他谈了范旭东要在国内兴办碱厂的雄心壮志，侯极钦佩范旭东的创业精神，就近在美国华盛顿参加了永利的设计工作。这是侯德榜献身中国制碱工业的开始，也是他在为中国和世界制碱工艺做出非凡贡献的历程中迈出的第一步。

设计图纸确定后，李国钦在美代购一部分机器设备。凡国内能制造的，由王小徐负责，在上海大效机器厂定制。

一九一九年，塘沽永利碱厂破土动工。侯德榜、陈调甫陆续回国，在美国和上海定制的机器设备也陆续运到塘沽，开始安装。范旭东在天津主持永利制碱公司的事务，也随时到塘沽检查和指导建厂工作。厂内的建筑、安装、技术等工作，由侯德榜负责。一切经营管理工作，由李烛尘负责。陈调甫名义上是制造部部长，厂内习惯称他为厂长。后来机构改组，由侯德榜、李烛尘轮流当厂长（每人任职一年，循环轮流）。

化学工业的管道是极复杂的，纵横交错，互相沟通。各塔器之间的化学变化，正是依靠这些管道而实现的。当时，我国技术人员尚无安装这些复杂管道的经验，一九二一年便请美国专家G.T.李到塘沽，领导设管和安装的工作。一九二二年，大部分机器安装完毕，陆续单机试车，准备开工。同年，侯德榜被任命为总工程师兼制造部部长，负责全部技术工作。

一九二四年八月十三日，永利碱厂正式开工生产，不料纯碱质量使人大失所望，红黑两色间杂，这样的"纯碱"是卖不动的。然而永利却已耗尽资金二百多万银圆，超过资本的五六倍。下一步怎么办？召开了股东会，谁也不愿再投资，多取观望态度。如果从此停产不干，便意味着彻底失败。如果继续生产，从中寻求失败原因，对技术加以改进，尚有生机，但须有资金赔垫。范旭东坚持后一个办法，可是到一九二五年三月，因为主要设备四口干燥锅都被烧坏，就连不合格的纯碱也无法生产了，只好停工。

中国纯碱进入国际市场

正当永利面临危机的时候，英商卜内门提出投资永利企图吞没已经停产的永利，以便控制中国将来的制碱工业。范旭东对此早有警惕，他认为永利担负着发展中国化学工业的光荣任务，成败在于自我的努力与奋斗，在主权上与纯碱制造上决不允许外国人参与。因此，他断然回答：永利公司注册章程规定，"股东只限于具有中华民国国籍之人"，此点无可变通。卜内门的阴谋，更激励了范旭东前进的决心，誓把永利办下去，不生产出合格的纯碱，决不罢休。于是他采取了几项措施：一、派侯德榜再次赴美，率领几位技术人员进一步考察制碱技术，寻求永利失败原因；二、继续使用久大精盐厂的资金，并继续向金城银行借款，解救经济困难；三、职工和工人暂时裁减半数左右，节省开支渡难关。这时，美国制碱专家G.T.李聘约期满本应回国，但为范旭东与侯德榜百折不挠的创业精神所感动，又续约三年，帮助永利解决技术问题。经过广大工人和技术人员对全部工艺流程的检查和观察，发现失败的主要原因是从美国买来的干燥锅质量低劣，系生铁与熟铁合成，膨胀系数不一致，往往烧裂，被迫停产。而且这种半圆形的干燥锅，已属落后的设备，操作不方便，杂质易入锅内，严重妨害纯碱质量。技术上的关键找到，范旭东立即派G.T.李回美国设法解决干燥锅的问题。

G.T.李到美国后，与侯德榜等合作，经过多方调查研究，发现那种半圆形的干燥锅，在欧美各碱厂早已被淘汰。当年美国人为永利碱厂绘制设计图纸时，没有拿出先进的方案，故意愚弄科学落后的国家，致使永利遭受极大的挫折，险些成为"短命鬼"。

所有的挫折和打击都变成范旭东前进的动力，他当即指示G.T.李与侯德榜在美国购买先进的圆筒形干燥锅，在启运回国的同时，侯德榜与G.T.李也先后回到厂里，又改进或改造了碳化塔水管、滤碱机、石灰窑，新设计了分解炉等关键设备，为第二次开工创造条件。

一九二六年六月二十九日是永利碱厂史上难忘的一天，它重新开工，生产的纯碱洁白，碳酸钠的含量达99%以上，打破了英商卜内门以优质纯碱独霸市场的局面。当时用苏尔维法制造纯碱的国家，在世界上为数还不多。如从办碱厂先后来说，中国因永利碱厂的成功而居亚洲的第一位。在二十世纪二十年代，各国制碱工业对外是保密的，然而被卜内门严密垄断的苏尔维制碱法，终于被中国的永利碱厂所掌握。

永利碱厂的事业蒸蒸日上，曾被临时裁减的三百多工人又回到厂里，纯碱日产量超过三十吨。永利纯碱包装的商标为"红三角"，三角中间有一个化工试验常用的坩埚，标志着中国化学工业的诞生和兴起。纯碱用麻袋包装，上面印着鲜红的"红三角"商标。永利碱厂二次开工后两个月，即一九二六年八月，"红三角"牌中国纯碱在美国费城参加了万国博览会，获得了金质奖，为祖国赢得了荣誉。从此，中国纯碱进入国际市场，欧美制碱先进的国家，莫不刮目相看。

当喜讯飞越大西洋到塘沽时，当万国博览会的奖状运到塘沽时，永利碱厂举行了隆重的庆祝大会，全厂一片节日般的欢乐。人们望着会场主席台上悬挂着的奖状和旁边放着的一小袋"红三角"纯碱样品，在喜气洋洋中流下热泪。范旭东激动地说："这么多年的辛勤、艰苦，换来了中国人自己制造的纯碱，也换来了大家头上的白发。求仁得仁，诸君内心是得到安慰的，我为诸君祝福。求自己进步的人群，应当是永生的。"侯德榜在庆祝会上对美国制碱专家G.T.李说："你帮助了我们永利碱厂，也就是帮助了我们中华民族，我们向你致谢，我们不忘你的真挚友谊，以后我们就呼你李佐华吧！"G.T.李高兴地举起酒杯，一饮而尽，表示同意，范旭东也鼓掌赞成。这是中美两国人民之间的一段值得纪念的友谊。

向化肥工业前进

随着永利碱厂的成长，洋碱霸占中国市场的时代便告结束。一九三〇年，永利纯碱的产量与质量都有显著提高，而且增加了苛化烧碱的生产，至此，中国有了自己的比较完善的制碱工业。下一步向何处发展？范旭东的目标是创办硫酸铔厂，生产化肥，为中国奠定酸、碱、盐三位一体的基本化学工业。可是，英国卜内门垄断集团并不肯从中国市场退出，它不仅抢在范旭东的前头，在中国大量倾销卜内门肥田粉，而且游说中国政府，由卜内门在中国创建一个化肥工厂，企图彻底垄断中国广大农村的化肥市场。一九三一年秋，国民政府实业部成立"硫酸铔制造委员会"，准备利用空气中的氮，制造阿摩尼亚无机酸类。但因技术高深，资金浩大，自己无力解决，只好依靠外力，与英商卜内门公司、德商霭奇公司协商合办。在多次的磋商中，英、德两商凭借先进技术与雄厚资金，百般刁难，态度傲慢，意在拖延，压制中国化肥工业的兴起。范旭东得知消息后，按捺不住愤懑心情，找到财政部部长孔祥熙说："与其受人挟制，不如干脆自己干。"孔问，自己干，资金如何解决？范旭东说："资金是有困难的，但是只要国家主权在手，事情就好办。"范旭东又找行政院长宋子文申述他的主张。一九三三年，实业部拒绝了英、德两国的厂商，把这一艰苦创业的任务交给了永利，并限于一九三六年底完成，还有附加条件，即厂址必须选在南京附近，以便控制。

永利生产纯碱，经历了重重困难，摸索出不少可贵的经验。如今承办硫酸铔厂，生产化肥，又面临两大难关：一是全面设计，二是资金来源。为此，范旭东再派永利总工程师侯德榜赴美主持设计并购置机器，后又派杨运珊、章怀西、许奎俊三位工程师赴美协助工作，购置设备，顺便在美国各家化工厂实习。在国内则勘测厂址，在南京下游六合县卸甲甸购得地基约三千亩，筹备建厂。关于资金问题，与银行团商洽。孔祥熙曾提出官商合办，范旭东深知官场的腐败，如把官场作风带进企业，将成不治之症，故婉言谢绝，决心自行筹措。

为了兴建硫酸铔厂，范旭东决定全面调整永利制碱公司的资金。一九三四年三月，永利公司召开临时股东会，通过两项决议：一、永利制碱公司更名为永利化学工业公司；二、增添资本三百五十万元，其中一百五十万元系旧有财产的重估，其余二百万元是上海商业银行、金城银行、中南银行认购的新股。此外，永利公司还以发行公司债券的方式，筹集资金五百五十万元。另向银行团借到一百一十万元，先后筹得资金一千多万元，支援兴建铔厂。

一九三六年底，南京硫酸铔厂的全部工程如期竣工，第二年二月正式出货。在范旭东、侯德榜等专家的心目中，若兴建基本化学工业，必须同时创办制碱制酸工厂，正像一只鸟要有两个翅膀，然后才能飞翔起来。南京硫酸铔厂，规模宏大，设备齐全，能制各种无机酸。摄取空气中的氮，制造农肥和军需物品，为农村和国防开辟了新资源。铔厂投产后，趁春耕之际，产品运销到苏、浙、闽、粤乡村，大受农民欢迎。永利同人以能直接为农业生产贡献力量，十分快慰。

在南京铔厂兴建过程中，侯德榜博士灌注不少心血，受到全厂职工的崇敬。侯氏等人在美国设计和购置机器时，过着俭朴的生活，本着节约原则，只主要部件买新的，不是高压部件都是买旧的或作废的，然后进行精巧设计，组装配套。外国人说："侯博士买的都是便宜货。"国内能制造的设备，侯氏绝不在国外买。他从国外回来时，铔厂全体职工列队欢迎他，等候多时，不见到来，谁知他一下船径直去了工地。他的办公室后来就设在工地，与工人打成一片。有时家里人送来饭菜找不到人，找到人时，只见他满身满脸油污，顾不得洗涮就吃起来。总工程师以身作则，全厂职工也都极端认真负责，昼夜苦战。从首批机器到厂，仅二十个月便把六大部门的机器管线安装完毕，创世界制酸工业建厂的新纪录。

南京硫酸铔厂与塘沽的碱厂先后建成投产，为中国化学工业奠定了酸碱基地，这是中国工业史的创举。

黄海化学工业研究社与《海王》的诞生

范旭东是一位有卓越远见的实业家、科学家。当他创办久大精盐厂时，就成立了一个化验室，专门研究、解决生产过程中所遇到的科学技术问题，促使企业的发展。当他创办永利碱厂时，一九二二年又在久大化验室的基础上，建立黄海化学工业研究社，这是国内第一个私人创办的科学研究机构。

范旭东认为欲发展工业，必须科学研究先行。调查与分析资源，进行专题研究，解决生产中的技术难题，培养技术力量等，都属于科学研究部门的任务。这正是范旭东创办黄海化学工业研究社的目的。他对黄海寄予极大的希望，请来美国哈佛大学化学博士孙学悟主持社务。孙学悟，号颖川，山东省威海人，当时在唐山开滦煤矿任化验师，月薪三百银圆。他应范旭东的邀请，宁肯每月少得一百银圆，立即到塘沽与慕名已久的范旭东共事，献身民族工业的发展。从此，在范旭东的领导下，永（利）、久（大）、黄（海）工业团体形成。在这个团体中，侯德榜、孙颖川两博士并称。

范旭东非常重视黄海化学工业研究社，他说："黄海应该是我们的神经中枢，它不属于永、久两公司，而是与永、久两公司平行的、独立的化工学术研究机关。"范旭东属意黄海承担起永利、久大在生产过程中遇到技术难题的科研任务，攻关突破，促使企业前进。同时搞其他科学专题研究，为我国科学应用奠定基础。黄海成立后，即购置图书、仪器，陆续招聘国内各大学和国外留学的学化学、化工的人才到社工作，先后成立了化工原理、应用化学、发酵化学、海洋化学等研究部门，采取工业化学与农业化学并重的方针。在短短的几年内，黄海的研究人员经过实践写出不少较有价值的论文，并为永利、久大输送和培养了不少技术力量，引起学术界、教育界的重视和支持，中华教育文化基金董事会还在经济上给予补助。范旭东更是全力办好黄海，他把永利、久大发给他的创办人酬劳金全部捐赠黄海，其他创办人也与范采取同一行动。在一次久大、永利联合股东大会上，各创办人表态后，他临时大书"云天高谊"四个大字，高悬会场，掌声四起，气氛热烈。在那次股东大会上还决定：黄海经费如有不足时，由久大、永利两兄弟公司的研究费中支付。经费有了保证，黄海便大步前进了。

久大、永利、黄海三大事业不断发展壮大，为了"互通消息，联络感情"，于一九二八年创办了"永久黄"团体的内部刊物《海王》旬刊，由范旭东亲自主持，在天津出版。一九三二年"永久黄"在塘沽设立联合办事处，《海王》即归联合办事处领导，由天津迁往塘沽。在"永久黄"工业团体的内部，认为"黄海"是本团体的神经中枢，《海王》则是本团体的喉舌。《海王》宣传"永久黄"团体的四大信条：一、我们在原则上绝对地相信科学；二、我们在事业上积极地发展实业；三、我们在行动上宁愿牺牲个人，也要顾全团体；四、我们在精神上以能服务社会为最大光荣。这四大信条是在《海王》上公开征求全体职工意见，经过研究讨论后确定的。《海王》的内容自命"庄谐并重""雅俗共赏"，反对板起面孔说教。有科学论文，有管理经验，有"家常琐事"，有杂文和新旧诗，等等，深受职工欢迎。范旭东是《海王》的积极撰稿人。抗日战争期间，《海王》先迁长沙出版，后又迁四川乐山县出版。范旭东到香港、美国、缅甸等地为"永久黄"事业奔波的时候，也从未忘记给《海王》写稿。《海王》自创刊至一九四九年天津解放，除抗日战争初期因特殊情况脱期外，每年都出满三十六期，它为"永久黄"积累了不少历史资料。

范旭东怅然逝世

一九三六年，永利的纯碱年产量达到五万五千四百一十吨，烧碱四千四百四十六吨，为建厂以来最高纪录，"永久黄"工业团体正在欣欣向荣。不料一九三七年七月抗日战争爆发，天津、塘沽于七月底沦陷，"永久黄"遭到毁灭性的打击，范旭东远走香港转南京。在香港时，日本人曾向他提出收买永利碱厂，他回答说："我的工厂不卖，你们若能拿走，就拿走好了。"同时电嘱在天津的永利、久大总管理处的同人，"宁肯玉碎，不求瓦全"，绝对不与日本人合作。日本军方又多次派人到天津永利、久大总管理处纠缠，均遭拒绝。一九三八年，永利被日本财阀集团"三菱"系统强占。

永利南京硫酸铔厂历尽艰辛创办起来，在东亚是规模最大的化肥厂，开工生产仅半年，抗日战争便爆发。日本军方知道这个厂子只要改动几道工序即可充当军工厂，因此战争一起，即派人找范旭东商谈中日合作，企图保存全部设备。范旭东自然不肯，日寇在一怒之下，趁沪宁战局紧张阶段，连派飞机三次轰炸铔厂。范旭东与侯德榜眼见自己和职工们的心血结晶，瞬息之间毁于敌人炮火，悲愤万分，相对泪下。范旭东决心破釜沉舟，抗战到底。他命令凡是可以搬动的机器、材料、图纸、模型都抢运西迁，笨重而无法移动的设备则将仪表拆走。其他的设备，尽量投入长江，不为敌用。全部技术人员和老工人向汉口转移，保存实力，把希望寄托在未来。

一九三八年春，"永久黄"团体的领导人陆续到了当时的政治中心汉口。范旭东召集开会，研究如何应变，是前进，还是观望。大家商定克服"逃难"心理，坚决继续前进，趁此机会创立华西化工中心，虽千辛万苦在所不辞。方针决定后，立即派人到四川、湖南两省勘察厂址。最后，碱厂厂址选在四川省西部犍为县岷江畔五通桥的老龙坝。盐厂的厂址，选在盛产井盐的四川省自流井的张家湾。黄海化学工业研究社随永利迁至四川省犍为县五通桥，与永利碱厂相距不远。黄海集中力量对西南资源进行调查与分析，作出很多贡献，受到学术界的称赞。

范旭东自一九一三年到塘沽苦海盐边艰辛创业，到一九四五年日本投降，历经三十多年，突破重重难关，战胜无数险阻，终于为中国的化学工业打开了崭新的局面，奠定了发展的基础。在抗日战争胜利前夕，范旭东更是壮心不已，又为进一步发展中国化学工业计，亲自拟出一个宏伟的"十厂计划"，准备新建、重建和扩建有机化学、无机化学、农肥、陶瓷、玻璃等十大工厂。为了解决建厂资金问题，范旭东一九四五年五月在美国与华盛顿进出口银行商妥一千六百万美元的信用贷款，但这项贷款要由中国政府担保到期照付本息。范旭东回国后，在重庆即向行政院呈报请求核准。当时的财政部长孔祥熙，早就企图插手"永久黄"团体，便想趁此机会捞得永利的股票，向范旭东透露了此意。范认为孔祥熙这类人物只会做官，不会办工业，他们插手，成事不足，败事有余，于是婉转拒绝，孔祥熙自然也就不在保证书上签字。范旭东又去找行政院院长宋子文，他也是不批复，拖延时日。范旭东对国民党政府和"四大家族"这样扼杀民族工业的行为极其愤恨，他对别人说："若不是为了国富民强，我才不受他们的挟持、欺压呢！要是为了吃饭、享福，把永利、久大收拾收拾，够我享受几辈子的。"不久，范旭东病倒，黄疸病与脑血管病同时发作，一九四五年十月四日在重庆逝世，终年六十三岁。

范旭东之死，引起社会上的关注，舆论界纷纷发表消息和评论，悼念范旭东毕生兴办民族化学工业的不朽功绩，同时也揭露国民党政府的黑暗，指责它压制民族工业的发展。特别是中国共产党在重庆出版的《新华日报》的评论尖锐、深刻。中共领导人毛泽东、周恩来、朱德、王若飞等还给范旭东送了挽词挽联。

国民党政府迫于舆论的指责，行政院于一九四六年五月才批准范旭东生前写的呈报，指令财政部和经济部联名向美国进出口银行保证履行永利借款中的一切应承担的义务，但直到一九四八年六月双方才正式签订合同，十一月开始动用这笔借款，到一九四九年一月平津解放，只动用了借款一百四十多万美元，不及合同金额的十分之一，因此这笔借款基本未发挥作用。

范旭东壮志未酬，含恨离开人间，他所兴创的"永久黄"工业团体和进一步发展化学工业的计划，中华人民共和国成立后，在中国共产党的领导下，随着国民经济的发展而得到实现和更大的发展。塘沽的天津碱厂（当年的久大与永利）、南京化学工业公司（当年的永利南京硫酸铔厂）以及并入中国科学院的黄海化学工业研究社等，均属全民所有，在国民经济的发展中，作出了范旭东生前未能预料的贡献。

（原载中国文史出版社《化工先导范旭东》）

百年中国記憶
BAINIAN ZHONGGUO JIYI

第二章

笃信科学：“工业的基础在科学”

创办黄海化学工业研究社缘起

　　我国百工窳败，亦已久矣，举国上下，日用所需，无巨无细，几莫不仰资于外货，匪惟金钱流出无止息也。驯至一国独立之精神，自存之能力，亦随之而消亡垂尽，吁此为何等现象耶。然周视四境，则山林田野，未辟之利既随地而有，年力富强、游手坐食之辈更到处皆是。货弃于地，人成废材，此又为何等现象耶。举是二者相积相乘，愈演愈烈，有前者之病，而国民生活时时蒙物资缺乏之压迫；有后者之病，外则启强邻环伺之野心，内则成弱肉强食之惨状。居今之日，有心者企图补救，岂尚为不急之务哉。说者谓补救之方多矣，而振兴工业当为其最要者之一，其说诚是。第近世工业非学术无以立其基，而学术非研究无以探其蕴，是研学一事尤当为最先之要务也。顾在吾国欲就工业而论，学术盖有不易言者矣。试就国内之旧式工业观之，彼从事于其业者，率皆徒以墨守成规为已足，初不知参求新理以图改良，亦为其分内应有之事。若工业学校之学子，固明明以研学为事者也，乃其为学之方，又往往流于空泛，或仅知原理而不谙应用，或熟记名词满腹而未曾一见实物。至留学外邦专习工科者，虽不乏深造有得之才，然其所得于心者，往往详于外情而疏于本国之事物，一旦出所学以施诸实用，又不无扞格不入之憾焉。准是以论则欲计中国工业，兴学术之发达，莫要于使研学者有密接于工业之机会，而其所研究之目的，物即为工业上之种种用材，如是则致力不虚而成效乃著，当为事之确然无所疑者。同人于此见之，既真感之尤切，因尽力之所及，于国内化学工业中心地之塘沽创设黄海化学工业研究社，仿欧美先进诸国之成规，作有统系之研究，于本地则为各工业学术之枢纽，并为国内树工业学术世界。有欲阐明学理、开发利源，以贡献于祖国，而致民生之福祉者，幸毋遐弃，曷赐教焉。

公私合营永利久大化学工业公司历史档卷（久大案卷顺序号181）

黄海化学工业研究社概略

陈调甫

（一）黄海的宗旨

回忆黄海化学工业研究社的三十年历史，不能不想起范旭东的积极提倡和大力支持。范旭东的毕生精力花在永利、久大的事业上，而认识科学技术研究对发展生产力的重要意义，在当时是极难得的。黄海是中国私人化工企业设立的第一个科学研究机构，范旭东是一个有雄心壮志的企业家。

范旭东在初办久大精盐厂的时候，就成立了一个小试验室。永利建厂时期，遭遇到无数的困难，他更感觉到科学研究对发展企业的重要性。一九二二年八月，范旭东在塘沽创立"黄海化学工业研究社"。他创办黄海的宗旨，可由他的《黄海廿周年纪念词》中清楚地看出来：

"中国广土众民，本不应患贫患弱，……中国如没有一班人，肯沉下心来，不趁热、不惮烦，不为当世功名富贵所惑，至心皈命为中国创造新的学术技艺，中国绝产不出新的生命来。世论辄嫌这看法太迂缓，权势在握的人十九又口是而心非之，我人何敢强聒？惟有邀集几个志同道合的人关起门来，静悄悄地自己去干，期以岁月，果能有些成就，一切归之国家，决不自私；否则也唯力是视，决不气馁。"

范聘孙学悟（颖川）为黄海社长。时孙在开滦矿务局服务，来黄海后，收入减去一半以上，他因乐于为国人做事，不愿被外商利用，不计较个人得失，坚持工作，"守寡"三十余年（范说孙能"守寡"，意指他不图升官发财，一心一意搞研究工作），直到一九五二年去世。还有副社长张承隆（子丰），也是始终"守寡"的一人。这种精神在旧时代里是不可多得的，值得钦佩的。

（二）经费的来源

按章程的规定，由下列五项收入照每年预算支出：

（1）范旭东君捐助其个人所得之久大精盐公司创办人报酬金；

（2）永利化学工业公司创办人全体所得报酬金；

（3）赞成黄海宗旨之个人或公团之补助费；

（4）个人或公团委托黄海研究所指定之问题，依双方契约所得之费用；

（5）社外之企业家利用黄海研究之结果经营实业，依双方契约所得之酬报。

实际上（3）（4）（5）三项，仅有虚名，所得无几，（1）（2）两项，亦不足以维持开支，全赖久大、永利随时特别补助，才能维持黄海的生命。

按社章第六条捐款在五千元以上者，得为黄海的名誉社员。但据我所知道的，响应者竟无一人。

从一九二八年起至一九三七年抗战为止，中华文化教育基金董事会每年补助一万元（也许还多一些）。

（三）研究工作概述

（1）对于永利、久大的协作

黄海虽是独立的机构，实际上是永利、久大的中心试验室，几十年来协助两厂解决了大大小小的许多问题。最突出的是帮助永利碱厂做了碳酸塔的查定工作，由孙社长亲自出马，测定了温度，提出了改良的意见，增加了塔的产量。

制碱的工作，是极灵敏极烦琐的操作，整个系统必须配套成龙，一部工作不正常，即影响到全部，所以每一小时每一部分都要取样分析鉴定。永利自身本有试验室，后来与黄海合并，边试验，边研究，边改良，统一掌握，收到了很大的效果。

在南京卸甲甸的永利铔厂，本属于同一系统，专制硫酸铵氮肥。惜中日战起，停顿下来。

（2）发酵与菌学

孙社长极重视发酵与菌学，认为在我国早有基础，适合历史背景，并且建设较易，没有复杂的新式机器，也能着手制造。他曾同我说："我们用牛耕田，千千万万的细菌，就是千千万万条牛，我们要它们为我们做工。"

三十余年来，黄海在发酵工业方面所投之人力、物力是不小的。基本工作，如有关酵母的研究报告，是有价值的著作。其他如饴糖、麻脱胶（把麻浸在水中发酵脱胶）、豆腐乳、茶砖等，均做过不少的试验。最有系统的工作是在四川做的五棓子发酵研究，制成没食子酸及其衍生物。主要的衍生物是各种染料（草绿、褐色、棕色等）。没食子酸的发酵研究报告共有十篇，参加研究的有方心芳、吴冰颜、魏文德、谢光巨等。

黄海曾利用研究的结果，在西川五通桥及南川两地，组织小厂，生产没食子酸，日产达几十公斤。后又交中国农民银行建厂，投入生产。

五棓子发酵工作，后来逐渐发展，形成了五棓子综合利用的研究，曾利用五棓子试制丹宁酸、焦性没食子酸、鞣酸蛋白、次没食子酸铋、五棓子染料等，其中前四项曾小量生产出售。

一九三五年，黄海开始做江西苎麻的研究，从发酵与化学两方面进攻。谢光巨、魏文德、章曼钰先后做出了一些成绩，并做了江西土法生产夏布的详细调查（见黄海研究调查报告第十八号）。

此外协助工厂方面，曾帮助山东威海卫酿酒厂、四川乐山金华酱油厂等解决技术问题。

黄海积极培养的各类菌种，一部分来自国外，保存二十余年，中华人民共和国成立后移交给了中国科学院微生物研究所。

（3）海盐矿盐的研究

黄海以盐业起家，曾用长芦盐区的苦卤加以研究，供企业家设厂之用。继有内蒙古碱湖之调查分析与研究。嗣应盐务当局之请托，曾研究过河南硝盐及河东食盐等问题。入川后于一九三八年冬另辟专室，应盐务当局之委托，协助盐商做了以下各方面的工作。

甲、用竹木搭成枝筏架，高五米至二十米，长由数十米至二百米，宽二米至四米，以木为架，中实树枝或竹枝，把盐卤送到架顶，由上流下，经过许多小枝，蒸发面积加大，借风力和日光促进卤的浓缩（可由步梅表十二度浓缩到二十度），然后入锅煎制，可省燃料三分之二强。此法初时盛行于四川犍为、乐山两县，后来推广到东川、云南。

乙、盐砖的制造。川省习惯把花盐（粒盐）制成巴盐（块盐），便于运输。但成盐一斤，需耗煤炭二斤上下，且混有煤屑杂质，不合食用。黄海创制木榨，推广于川、云、贵各省。

丙、创造塔式炉灶代替烟筒式的"泼楼"（土法将烟筒烧热后泼入盐卤，以利蒸发），比花盐灶可省燃料30%，比巴盐灶可省燃料50%左右，尤宜于燃草，曾盛行于川北。

丁、吸卤机械化。多少年来，犍、乐两区制盐，都以牛力从两千多尺地下吸取卤水，因此，各个盐灶都大批养牛作为动力。由于气候关系，水牛容易感染瘟疫，一旦发疫，常造成普遍死亡，影响生产。为了消除这种威胁，黄海曾安排人力研究利用电力吸卤，设计了适合当地情况的电力吸卤机，协助场商制造、安装和使用，效果很好，很快普遍推广。

此外，从卤水中提取钾、溴、碘，获得不小的成绩。从盐中取钡，消灭了痹病。从盐中提取硼酸硼砂，制造泻盐和芒硝，供医药和工业应用。中华人民共和国成立后，黄海在北京继续用四川卤水做试验，得到全部数据，完成了设计，交四川贡井三一化学制品厂投入生产。

黄海还派了孙继商率领工作组到新疆去调查盐业，取回样品，做了详尽的试验分析。

参加海盐矿盐的研究者有鲁波、刘嘉树、郭浩清、赵博泉、谷惠轩、孙继商、蔡子定、刘学义等。

（4）铝矿的研究

轻金属铝的研究，也是黄海重要工作之一。浙江平阳、安徽庐江均以产矾石著名，它是一种基性的硫酸铝和硫酸钾。黄海曾用平阳的矾石做过很多试验，如用硫酸处理、用苛性碱处理、用氨溶液处理、用石灰处理、用碳酸钾处理，等等。最后结论，以氨溶液处理分出硫酸铵与硫酸钾，再用纯碱和石灰处理渣滓中的氢氧化铝的方法，为最经济合算，对于农业、工业和国防均有重大的意义。

参加铝矿研究工作者有张子丰、谢光巨、周瑞、章涛、孙继商、刘福远等。还有南开大学张克忠，亦曾来参加过工作（参考：黄海化工汇报第二号铝专号）。

（5）**海藻的研究**

一九二九年，延聘徐应达研究海藻，曾沿胶东海岸收集样品多种，加以分析试验。一九三三年徐君逝世，工作中断。一九三五年另聘人员，加强海藻研究工作，并与厦门大学生物系曾呈奎合作，由他担任鉴定海藻科学名称，及收集华南样品等事。又派员赴河北、山东等省沿海调查，分析不同海藻三十余种。经此系统的研究，曾有不少的新发现。

（6）**肥料的研究**

主要是协助永利铵厂制造磷钾肥料。

钾肥的研究——上文铝矿的研究中已提到用铵水处理明矾石，能得到氮钾混合肥料，滤出的残渣，能制造纯的三氧化铝。初步试验完毕后，黄海呈领庐江明矾石矿的开采权，取到样品数十吨，预备在南京永利钲厂做扩大试验，因中日战起而停顿。中华人民共和国成立后得到苏联专家的赞许，于一九五四年在沈阳化工研究院钾肥组集体研究，完成了扩大试验，证明可用，遂设计了连续式生产设备，在永利钲厂建立车间投入生产。

磷肥的研究——在抗战前，黄海采用江苏海州的含氟磷灰石矿，试制过磷酸钙，后又试制浓磷酸。

在这试验中，关键在于做好易过滤少用水可洗净的磷石膏（硫酸钙），换言之，必须做成大粒结晶的磷石膏，后来又试验了利用磷石膏，配合了永利钲厂的产品制成硫酸铵，正在筹备去该厂做扩大试验，因中日战争而停顿。直到一九五四年，才由沈阳化工研究院肥料组集体研究，完成了扩大试验，证明此法可用。

领导磷矿研究工作者为张子丰等。

（7）铋矿的研究

江西产铋矿，大部分为铋华（铋土矿）和泡铋矿（碳酸铋矿）。含铋最多者达68%，平均为58%。提取金属铋以熔炼法为最宜。

抗战期间，大后方医疗药品奇缺，黄海用炼成了的粗铋精制后，配合了由五棓子制出没食子酸起反应做成了铋黄（次没食子酸铋，可代替黄碘）、次硝酸铋及次碳酸铋等，受到了医药界的欢迎。

（四）派遣留学生，培植新生力量

范旭东所经营的事业，为永（利）、久（大）、黄（海），但他兴趣最浓厚的是"黄"，常称黄海为事业的神经中枢。他有远见，努力培养新生力量，派遣青年研究员去国外深造，昔年培植的幼苗，今已蔚然成林作栋梁之材了。

先后派往国外留学的，有以下几位：张子丰、方心芳、谢光巨、吴冰颜、赵博泉、魏文德、孙继商、郭浩清、萧积健、刘福远等。

（五）迁川与复员的经过

一九三五年至一九三七年，塘沽已沦于汉奸殷汝耕冀东伪政府之下，同人忍气吞声，含垢忍辱，同永、久两厂一道在恶劣环境中挣扎奋斗两年。迫"七七"事变爆发，全面抗战开始，遂决定内迁。路上经过无数的艰难曲折，全体人员于一九三八年春到达长沙，在风景区水陆洲造了简陋社屋一所。十月武汉沦陷，长沙实行疏散，又撤退至四川，在五通桥购地建屋，以树立华西学术研究的重心，工作重新展开。大家埋头苦干，在四川七八年中的成绩，竟远远超过在塘沽十五年的成绩，抗日救国的雄心壮志，是巨大的推动力量。

一九三九年接受了管理中英庚款董事会的协助，只补助三四个研究员的生活费，所起作用不大。

抗战胜利后，黄海拟从四川迁回北方，但复员经费困难。国民党政府行政院因黄海在抗战期内与资源委员会和地质调查所合作，允许拨款法币五千四百万元，其中四百万元，按官价买美元，共得二十万美元，主要用于购买国外仪器图书及维持黄海早已派往美国留学的吴冰颜、赵博泉、魏文德、孙继商、郭浩清、萧积健六人的费用；剩余的美元，到中华人民共和国成立后黄海接受重工业部综合工业试验所领导时一起上缴，有一小部分存在美国被冻结。

胜利之后，黄海拟迁回海滨，选择地点颇费斟酌。初时决定在青岛，一因地处南北之中，与本团体南北各厂（塘沽久大、永利，南京卸甲甸永利）联系方便；二因有海盐可以利用，并接近与本团体有关系的永裕盐业公司。一九四八年，在青岛买进了化成化工厂全部房屋财产，占地一百三十二亩，由永利拨款法币七十七亿六千八百六十五万六千余元，购妥捐赠黄海。

后因该厂年久失修，建筑倒坍，机器锈损，修复还需拨入大量资金，并且该厂主要设备是电解食盐，国民党政府把电价不合理地猛增，已无法经营，不得已将该厂移交永裕，另作别用，黄海决定改迁北京。

一九四九年十月开始迁移，把四川五通桥和青岛的人员及设备集中到京，一九五〇年迁移完毕，新社址在东城芳嘉园一号，房屋宽敞，环境宁静，同人又沉下心来努力工作。

一九四九年一月北京解放，重见天日，这个在艰难困苦挣扎图存的研究机关，有了党的英明领导，开始走上正确的道路。党和政府对于黄海十分重视和关怀，同人受到党的培养和教育，思想大大改变，潜力充分发挥出来，做出了以下一些成绩。

（1）研究了氯化苯，二硝基氯化苯的制造。

（2）制成一种"紫色晒图药"，是安安蓝的一种色盐，日产一公斤。

（3）与天津永明漆厂合作制成乙基纤维。

（4）受钢铁工业管理局的委托，仿制了美货抗蚀剂，后交天津染料厂生产，命名"酸洗抗蚀剂"，列入化工局商品目录（见化工技术第二期）。

（5）与林业部协作研究以大兴安岭桦皮制丹宁，后来林业部在牙克石设厂制造。

（6）协助自贡三一化工厂从卤水中提碘设厂生产（见前）。

（7）磷酸盐的制造（见前）。

（8）煤气中脱硫——煤气或天然气中有了硫化氢能腐蚀金属，且有碍卫生。与重工业部化工局合作，研究了这个问题。

（9）研究合成氨用的钒催化剂的鉴定法。

（10）介绍用空气吹出制碘法给四川贡井的三一化工制品厂投入生产（见前）。

（11）协助五通桥盐商办的一个食盐副产厂制造氯化钡、碳酸钡、硫酸镁、溴素、溴盐、轻质碳酸镁等。由黄海的刘养轩任该厂厂长。

其他还替外界各机关工厂做了许多分析鉴定工作，不及一一枚举。

此外，还容纳许多生产厂或工业主管机关的人员来黄海同社员一起工作，我们尽量协助，颇得到外界的称许。

一九五一年，经黄海董事会全体决议及全体工作人员的一致赞同，呈请政府将社中全部财产连同全体工作人员归入中国科学院，曾获批准，后经政府按工作性质统一调整，除菌学室因研究性质的关系，拨归中国科学院的菌种保管委员会，继续做微生物学的研究（该会后改称北京微生物研究室，最后又与别的单位合并成今日的微生物研究所），其他部分悉归重工业部综合工业试验所领导。一九五二年十月实行移交，后来归化学工业部领导，奉命迁往沈阳。

移交时，社长孙学悟已逝世，办移交的为副社长张承隆、秘书王星贤、菌学室主任方心芳、有机室主任魏文德、无机室主任吴冰颜、分析室主任赵博泉、化工室主任孙继商、修配车间主管王德政，并有大学结业的技术员二十五人，技术工人七八人，管理员七人，工人六十七人。

（六）图书馆与刊物

黄海从创办初期即努力搜集中外参考书籍，于一九三三年，又在塘沽建成一新图书馆，承马相伯老人题写社额，规模较前大为扩充，更努力添置中外古今有关的书刊；对于我国古代炼丹术有关资料亦多方搜集，借以探索古代化学的渊源。

抗战胜利后迁回北京，搜罗更富，到移交的时候，积存中外图书约二万册，现在大半在沈阳化工研究院。

从一九三九年到一九五一年，黄海发行了发酵与菌学特辑十二卷共七十册；在四川解放的前夕曾停刊，迁来北京后复刊，又出了若干册。此外还有黄海研究调查报告一号至三十九号，化工汇报的盐专号二册，铝专号一册，其他还有刊登在各种化学化工杂志的论文报告若干篇，大半存在沈阳化工研究院的图书馆。此外还有永利、久大、黄海共同发行的《海王》旬刊，其中常常刊登简单的技术报道和调查资料，具有参考价值。化学工业出版社现有完整的《海王》旬刊一套。

黄海化学工业研究社研究调查报告

旧时代科学研究者对于写出工作报告，往往不够重视，黄海三十余年只出了这一点刊物，是不能令人满意的。实在工作数量远远超过这几篇所报道的。报告少的原因很多，研究目的不很明确，亦没有规定具体的技术指标和期成的时间，工作告一段落之后，大都不写报告，亦有事未做完，人已离社，工作就此停顿，遗留的原始记录不够详细或残缺不全。

（原载中国文史出版社《化工先导范旭东》）

"黄海"三十年

王培德　赵博泉

一、创设与沿革

黄海化学工业研究社是我国最早的合营化工学术研究机构，其性质和水平约略相当于大学化学系的研究所。从一九二二年八月在河北省塘沽成立，到一九五二年十月在北京并入国家的科学研究机构，前后整整三十年。它的前身是久大精盐公司塘沽盐厂附设的化学室。

一九一五年久大精盐公司在塘沽创建盐厂后，即辟有专室从事化学方面的研究。一九二〇年扩建，在精盐工厂附近建造了一座新型的化学研究室，计有分析化学研究室、工业化学研究室、动力室，等等，并附设了图书馆。一九二二年夏天，应实际的要求久大精盐公司决定把塘沽盐厂里的化学研究室同工厂分开，使它独立，研究工作另聘专家担任，不再由两厂的技师兼任，但仍为当然研究员。一九二二年八月，正式成立了黄海化学工业研究社，简称"黄海"。当时范旭东写了一篇文章说明缘起（见本书《创办黄海化学工业研究社缘起》一文）。

这篇短短的缘起阐明了三个要点：（1）工业救国的迫切需要；

（2）振兴工业必须靠学术研究打下基础；（3）学术研究必须切合实际，针对中国的情势。

为什么化学研究社以"黄海"为名？这是因为它诞生于塘沽。塘沽面临渤海，而渤海汇合百川，朝宗于黄海。海洋蕴蓄着无尽宝藏，是化学工业的广阔天地，也是大好的试验场所。当初在塘沽厂内成立化学研究室的理想，就是要以海洋为研究对象，而就近取材于黄海。定名"黄海"体现了这最初的信念和愿望。

"黄海"成立之后，制定了一个社徽：社徽作圆形。外圈是齿轮，代表工业的动力。内圈是互相涵抱的三个部分，也可以说是三步功夫：一是致知，二是穷理，三是应用。互相涵抱以表示彼此不可分割的紧密联系，既要提倡工业救国，当然就要把致知所得，穷理所到，拿到实际应用上逐步考验证明，然后才能断定所致的知，所穷的理，是否可靠，才能发挥救国的作用。这也是当日制定社徽的用意。

"黄海"成立后，研究范围大体说来有四项：（1）在农产品制造方面研究发酵与菌学；（2）在农业方面研究肥料；（3）在国防工业方面研究轻金属的冶炼；（4）在化工医药方面研究水溶性盐类。

二、塘沽时期工作举要

一九二二年"黄海"在塘沽正式成立起，到一九三七年"七七"事变被迫离开塘沽迁往四川止，业务和技术领导，除社长孙学悟博士、副社长张承隆（子丰）外，后期还有区嘉炜博士、卞松年博士、张克忠博士、蒋导江教授、刘养轩先生等人，这十五年间的工作举要如下。

1. **对久大、永利两厂的协助**

"黄海"除协助久大生产外，还帮助副产厂利用制盐母液、研究制造轻质碳酸镁、结晶氯化镁。

对永利碱厂的协助，最主要的是做了碳酸塔的查定工作，增加了塔的产量。

一九三四年，建设南京硫酸铔厂时，所使用的各种规格型号的耐火材料和耐酸材料的化学分析及物质检验全部委托"黄海"担负。"黄海"还参加了铔厂的磷肥的试制工作。

2. **发酵与菌学**

（1）固有技术的整理

"黄海"以优厚的待遇聘请各省富有经验的老师傅来社与具有化学知识的人一道工作，对我国旧有的酿造技术加以整理、总结，他们的待遇和初进"黄海"的大学毕业生相等，这在当时是少见的。

（2）新发酵工业的研究

所谓新发酵工业，指的是我国以前没有的这一类工业，如酒精厂等。"黄海"对于酒精原料和酵母的选择，以及有关的营养问题，曾不断地做过试验研究，所得结果多为全国各酒厂采用。

（3）苎麻脱胶的研究

一九三五年，"黄海"进行了苎麻脱胶的研究。"黄海"从发酵和化学两方面，研究精制的方法，得到了细软洁白适用于纺纱织布的苎麻。

3. **肥料**

肥料方面的研究为"黄海"主要工作之一。抗日战争以前，钾肥原料采用了海藻和矾石；磷肥原料采用了海州的磷灰石矿；氮肥的研究除参与永利公司宁厂技术上的协作以外，试验室工作多偏重于微菌的应用，如农村的堆肥与植硝等。

4. 有色金属

"黄海"在一九二八年就注意到冶铝工业的重要性。先使用复州黏土做试验原料，后又改用山东博山铝土页岩矿石为原料，于一九三二年完成了提制铝氧的初步工作。一九三五年试制出我国的金属铝样品。

第二种制铝的原料是明矾石。抗日战争爆发前夕，"黄海"对于明矾石的综合利用，包括石灰法、氨法、碳酸钾种种方法，以及硫酸盐和钾盐的利用，都做了比较详细的研究。

5. 水溶性盐类

"黄海"首先研究了如何利用长芦盐区废弃的苦卤，所得结果供给企业家设厂应用。继之对内蒙古碱湖进行了调查与样品分析。后来又接受盐务局的委托，派人调查河南的硝盐与河东的池盐，研究改进办法，拟订方案，供他们采择实施。

海盐或多或少都含有钙盐和镁盐，这是大规模苏尔维法制碱的障碍。"黄海"有鉴于此，于一九三五年研究了浓盐水的精制法。结果证明，唯有熟石灰和碳酸铵法设备简单，经济合理，适合制碱工艺的程序。

三、抗战转徙

一九三七年，抗日战争爆发，七月底天津沦陷。在敌人的暴力之下，社务再也无法进行，暂时南迁。

一九三八年春天，选定长沙水陆洲为新社址。七月间新屋落成，光就调查、分析两部分继续工作。不料只挨到十月，汉口又告失守，长沙震动，执行疏散。水陆洲的社务，只好停顿，新建的研究室也只得放弃！

水陆洲建设着手的时候，因为不敢相信大局马上好转，为防万一，菌学研究室部分人员西迁入川，暂时借用重庆南渝中学的科学馆先行恢复工作。后来又迁到了川西五通桥，租定几间民房，作为退步。长沙疏散，"黄海"即全部迁到五通桥。

就在这一次大迁徙中，由于交通混乱，"黄海"的图书仪器运到广州时，不能及时转运，十几年辛苦收集的宝贵资料，损失了一大部分，至为心痛。

四、抗战期间研究工作举要

从一九三八年转徙四川五通桥，到一九四五年抗战胜利，"黄海"一面继续研究工作，一面选派研究人员出国深造，为将来提高研究效率做准备。当时派往美国学习的有四人，都在普渡大学进修：吴冰颜学物理化学，魏文德学有机化学，孙继商学化学工程，赵博泉学分析化学。一九四八年和一九四九年留学人员相继回国。一九四九年冬天，"黄海"迁入北京东城芳嘉园一号。自一九三七年至一九四九年前后十二年，是"黄海"的第二期。

在这段期间里，"黄海"的研究工作举要如下。

1. 发酵与菌学

（1）新发酵工业的研究

"黄海"入川以后，首先研究了糖蜜发酵，解决了酒精发酵工业内重要的酵母及其营养的问题，所得结果已被国内许多酒精厂先后采用。乳酸发酵试验也是这时候完成的。此外，如泡菜、饴糖、豆腐乳、茶砖、柠檬酸、丙酮、丁醇等有关发酵的问题，都做过不少试验。

（2）棓子（五棓子）发酵制棓酸

棓子是我国特产，过去一直是将这种工业原料直接出口。一九三八年

"黄海"入川后着手研究，解决了由桔子制造桔酸的技术问题。一九四〇年由银行界出资在四川南川县建立工厂，每天产桔酸达到几百公斤。从此把原料出口改为成品出口，增加了国家收入，代替了洋货，对于学术研究也起了促进作用。同年，又开展了桔酸固体发酵的研究，也取得了满意的结果，还完成了发酵尿水提铔试验。

（3）桔子综合利用的研究

桔子发酵工作逐渐发展，形成了桔子综合利用的研究，后又发展成为染料的研究，创制了黄色和棕色染料各一种。一九四二年决定成立了染料研究室。

（4）微菌的收集、分离与研究

微菌在四川散布的特多，而且容易找到。"黄海"从一百多种微菌中选出的桔酸菌和从五十多种黑曲菌中选出的柠檬酸菌都有相当的实用价值。研究中得到的酱油曲菌，尤其是酒精酵母菌早为许多酒精厂使用。经过长期研究比较，公认了它们特具的优点。

（5）应用菌学知识与技术的推广

"黄海"极力设法提倡应用菌学。一方面做文字介绍，另一方面敞开试验室的大门，欢迎社外人员前往实习。"黄海"创办的《黄海发酵与菌学》双月刊，从一九三九年夏天开始印行，到一九五一年底出刊十二卷，共七十期。

2. 肥料

迁川以后没有放弃肥料方面的研究，先后完成了：（1）五通桥区植物含钾量的测定；（2）由钾碱制氯化钾试验；（3）云南磷灰石矿的分析。

3. 金属

（1）铝

入川以后，就轻金属的研究而论，条件设备，大不如前。"黄海"就近取材，先用叙永黏土做原料，研究提制铝氧。一九四一年又着手云南贵州铝矿石的研究，对由资源委员会送来云、贵两省的铝土页岩样品六十多种一一做了分析。

（2）金属铋

"黄海"购到了一批江西出产的铋砂，分析铋含量，并用土法炼出了金属铋，精制后可供制药应用，奠定了我国金属铋自给自足的基础。

4. 水溶性盐类

（1）犍乐盐区地质的研究与五通桥区卤水的分析

井盐因为盐井的深度和井区地质的不同，有黄卤、黑卤和盐岩卤的区别。一九三八年，"黄海"同地质调查所合作，在犍乐盐场按七区采取卤水样品化验，得知各区卤水每升氯化钡、氯化钙、氯化镁的含量及按盐井的位置由南而北的顺序，卤水的浓度是逐渐增加的。

（2）提高含盐产量，降低能源消耗

为了节约燃料，提高产量，"黄海"以犍乐两盐区为试验中心，采取了各种措施。

（甲）枝筏架。这是利用自然蒸发浓缩盐卤的办法，可以节省燃料三分之二以上。因此，在西南盐区推行很广，远处达到川东和云南。

（乙）盐砖。"黄海"在一九三九年用木榨试制盐砖二引，后来又改用螺旋式铁榨制成盐砖，改变了由粒状花盐制成块状巴盐过程中耗燃料及不卫生的状况。

（丙）塔炉。塔炉灶比旧式花盐炉灶能节约燃料30%，比巴盐灶节省50%，用草做燃料更为相宜。同时，卤水的损耗可以减少，产量增高约25%。因此，在川北一带盛行起来。

（丁）汲卤工具电力化。"黄海"设计了适合当地情况的电力汲卤机以代替水牛从盐井中汲取卤水，并且协助制造、安装和使用，使之得到了普遍推广。

（3）改良盐质的研究

四川犍乐地区有一种地方病叫"痹病"（轻者四肢麻木软化，不能行动，重者死亡）。"黄海"曾与地方医院和工厂医院协作，从"痹病"患者所吃食盐收集样品几十种，一一作了分析。检定结果和动物试验证明此系这一带黄卤中含有毒性很大的氯化钡使食盐者钡中毒所致。

为了解除"痹病"对群众的威胁，"黄海"经过试验研究，完成了两种简单易行的除钡方法，一是沉淀法，二是分离法。

（4）川盐副产

（甲）水的研究。水向来被看作废物。一九三八年起，"黄海"对犍乐两盐场所产的巴和水进行了分析，利用之制得溴、石膏、氯化钠和硫酸镁，变无用为有用，辅助医药工业。

（乙）黑卤水和黑水的研究。一九四〇年"黄海"着手研究黑卤水和黑水的组成和应用，经过比较详细的分析肯定了其价值。并根据研究的结果，先后设立了实验工厂，从事生产。计有贡井的三一化学制品厂、五通桥的四海化工厂和明星化学制药厂。为了促进地方化学工业的发展，"黄海"公开了全部技术，并指派专人协助地方建立了五通桥食盐副产品制造厂。

（5）新疆、青海盐业的调查

一九四三年"黄海"与盐务局共同组织了一个西北盐业考察团，以新疆为重点，进行了大约为期一年的实地调查。除对各个盐区的地质食盐储藏量、生产情况、产品质量以及有关的工业条件等做了深入的调查以外，还采取了有代表性的样品多件。"黄海"对这些盐样都做了详细的化学分析。

五、复员和新的社务规划

一九四五年八月，抗日战争胜利结束，四川的公私机关纷纷复员。一九四七年春天，"黄海"社长孙博士出川，在上海召开了董事会，规划复员，同时提出了筹设基本工业化学研究所和人类生理研究所的计划，经董事会同意通过。

当时，因为总社社址未能作具体决定，暂借南京永利宁厂设立了社长室，一九四八年冬天又移到上海。

复员先决问题是社址的勘定。二十多年以来，水溶性盐类和开发海洋的研究，始终是"黄海"的主要工作之一。因此，总希望能在沿海一带选择一个研究地点。此时恰逢国民党政府标卖敌伪产业，青岛有些工厂出售。设在沧口的化成厂，贴近海岸，原是敌人提制海盐副产品的工厂，占地一百多亩，有一些残旧器材和厂房，标价法币五亿元。"黄海"曾备文要求把这个厂免费拨用，但得到的答复是"准按市价现款承购"。当时法币急剧贬值，物价飞涨，等接到复文准许承购时，化成厂的标价已经提到六十亿元，远远超过了"黄海"的购买能力。拖延到一九四八年二月行政院秘书处又有公函通知加价到七十三亿九千七百七十三万八千四百元，而且限定二月底缴款，过期要撤销原案。"黄海"因为购买力相差更远，只好向永利公司商请出款买下，连同因迟缴而认付的利息一并在内，总数是七十七亿六千八百六十五万六千一百四十七元二角。后来永利公司董事会议通过，把这个工厂赠予"黄海"。

一九四四年底范旭东在华盛顿遇见著名人类生理学家吴宪先生，便邀请他加入"黄海"。范旭东逝世后侯德榜博士继任永利公司总经理。侯又和吴先生继续商量，吴先生答应加入"黄海"。因而双方决定在"黄海"内成立人类生理研究所，请吴先生主持一切。吴先生打算把自己的一座房产——北京东城芳嘉园一号（有房一百四十多间、地皮九点六九市亩）让予"黄海"，作为研究所所址。当时"黄海"已打算在北京选择地址，以便与各学术研究机构取得联系。这一提议恰合彼此的愿望。

最初，吴先生打算把北京芳嘉园一号捐赠"黄海"，自己就在社里做毕生的研究。后来"黄海"考虑吴先生别无积蓄，而子女教育等费用都没有安排，才由侯德榜博士代为商洽，仍旧付予价款。一九四七年五月议定总数二十万美元，分十年付清，每年付给十分之一。这件事曾在"黄海"董事会上提出通过。后因资金无着，而把成议停顿下来。一九四八年春天改议，减为八万美元，一年付清。款项由侯德榜博士筹划。侯博士把自己充任印度达达公司高等技术顾问的报酬金捐赠"黄海"，不足之数又把永利公司为达达公司改良碱厂所得设计费一并捐赠"黄海"。"黄海"用这笔钱在一九四八年十月如数付清了全部价款。芳嘉园一号的房地产归"黄海"所有。然吴宪一直在美国未归，人类生理研究所也终于未能成立。

暂设在上海的社长室，在一九四九年十月迁到北京，一部分职员也先后赶到。一九五一年五月在芳嘉园一号举行了董事会议。会上一致认为：中华人民共和国成立后，盼来了大好的服务机会，为了适应新的形势，必须调整机构，集中精力，以便发挥更大的效能。因此决定：撤销青岛的研究室，结束五通桥的分社，把人员设备集中到北京芳嘉园一号，成立总社，下设五个研究室：（1）发酵与菌学研究室；（2）有机化学研究室；（3）无机化学研究室；（4）化工研究室（附设修配车间）；（5）分析化学研究室。

"黄海"迁到北京以后，得到社会推重。国立北京大学化学系首先提议合作，北大经教育部批准，黄海社经董事会批准，订立了合作办法十条。从此服务范围扩大，公私兼顾，尤其是国家单位委托研究的项目逐渐增加。

六、中华人民共和国成立后的研究工作举要

从一九五〇年一月确定了新社址，调整了机构，到一九五二年十月编入国家科研队伍，前后两年零十个月，这是"黄海"的第三期。这一期时间虽短，而工作范围扩大，新设立了五个研究室。

1. 发酵与菌学研究室

这个研究室从一九三一年起就注意收藏微生物菌种，中华人民共和国成立后更加积极，同时，又选择了厂工业上应用的品种。到一九五二年中国科学院接管这个研究室的时候，所存菌种成为我国独一无二的一份宝贵财产。其中有不少优良品种不但为国家创造了大量财富，在国外也得到了好评。

2. 有机化学研究室

从一九五〇年三月起，做过以下比较重要的研究：（1）研究了氯化苯和二硝基氯化苯的制造方法；（2）着手试验正象紫色晒图药；（3）与天津永明油漆厂合作，制成了乙基纤维；（4）剖析并试制了抗蚀剂"若丁"，交给天津染料厂生产；（5）与林业部合作，研究用大兴安岭的落叶松枝皮制造丹宁成功。

3. 无机化学研究室

其接受外界委托研究的项目有：多孔无水氯化钙制造；制造碳酸镁干燥室以提高干燥效率；为旭东奖评议会鉴定了钒催化剂应征的样品；为太原化工厂研究了煤气脱硫的问题；用"空气吹出法"系统地研究了四川自

贡井水提取碘素的工艺，交三一化学制品厂投入生产，首次建立了我国的制碘工业。

4. 化工研究室

化工室是"黄海"迁到北京后设立的研究室。它继续研究从棓子制造棓酸，使工艺方法更加完善，提高了产品质量；研究了青岛化成厂所余一批氯化钾的提炼精制方法；协助太原化工厂进行了用石膏制造硫酸试验。

5. 分析化学研究室

分析工作从一九五〇年秋季开始布置，当时的中心工作是化验山东省胶东一带的矿产资源，也进行一些分析方法的研究。工商局为了改进北京市小型化学工业的制造技术，委托"黄海"做化验及仲裁分析。

七、董事会

"黄海"到一九三二年才有董事会的组织。当时的组织除了创办人范旭东，"黄海"社社长，久大、永利总工程师各一人作为当然董事以外，又延聘了七位热心赞助"黄海"宗旨的人士，共计十一人，成立了这个组织。

董事们都是义务职，没有报酬，所凭的多半是一番赞助"黄海"事业的热情。以下把历届董事综合列举出来：

任鸿隽（后来推举为董事长）朱家骅　何　廉　李烛尘

李承干　李俨夫　吴　宪　沈化蘷　谷锡五　杭立武

侯德榜　胡先骕　胡政之　范旭东　范鸿畴　孙学悟

孙鸿芬　唐汉三　翁文灏　张承隆　陈调甫　傅冰芝

杨　铨　杨子南　刘瑞恒

这些人士大致可以分成四类：（1）学术专家；（2）热心赞助"黄海"

宗旨者；（3）久大、永利、永裕三公司的领导人；（4）少数国民党政府官僚。最后这一类，是因为在旧社会里有时需要做些事业上的接洽，不能和他们绝缘。但"黄海"并不受其左右。

抗日时期，国民党注意到五通桥的永利公司川厂和"黄海"。先派人在永利川厂成立了国民党支部，拉了若干人入党，以为"黄海"入党可以迎刃而解。可是等到"黄海"劝孙先生领导集体加入国民党时，孙先生坚决拒绝说："研究学术的人没工夫兼问政治。"游说者只得悻悻而归。

后来，国民党政府行政院给予"黄海"补助五千四百万元时，附带了几个条件，其一"黄海"的研究工作应由"政府督导"。这一"督导"，范围可小可大，不知要干涉到什么程度。孙先生很费了斟酌。后来在重庆开董事会时，提出讨论。胡政之提出改"督导"为"倡导"，得一致赞成。接着，国民党政府自顾不暇，"倡导"也成了一句空话。

八、调整与归并

"黄海"迁到北京以后，全体职工逐渐认识到社会性质的根本变化，深感今后私立研究机构不可能在大规模的生产建设中单独起什么作用，必须在中国共产党的领导下和国家的研究部门紧密配合，才能贡献力量。因此，全社员工按照当时"黄海"的工作性质，都愿意争取早日加入中国科学院。一九五二年二月十五日董事会根据大家的意愿，发出"董京字第64号"公函致中国科学院，申请接管。同年三月一日接到中国科学院二月二十九日"院调字第680号"复函，同意接管"黄海"，改为中国科学院工业化学研究所。后来，政府按工作性质，又另作了统一调整，把"黄海"分作两部分，发酵与菌学研究室归中国科学院领导，成立了菌种保藏委员会，其余各研究室统归重工业部综合工业试验所。

一九五二年十月二十日"黄海"正式由人民政府接管，从此改称为"中央人民政府重工业部综合工业试验所第三部"。

移交时"黄海"社长孙学悟博士已于四个月前因病逝世。当时副社长是张承隆，秘书王星贤（培德），发酵与菌学研究室主任方心芳，有机研究室主任魏文德，无机研究室主任吴冰颜，化工研究室主任兼修配车间主任孙继商，分析室主任赵博泉。

（原载中国文史出版社《化工先导范旭东》）

创设海洋研究室缘起

久大盐业公司三十周年纪念

海量无极，海藏至宏，亿兆生物，繁衍其间，动静咸适，各遂其生，构成一极庄严而绝肃穆之水族世界。矿质无生，则与海水交融，使无边沧海，为之苦涩，其中有为人生所必需，军需、医疗所不可或缺，且无其他物质可资代替者，尤指不胜屈，诚极世之伟观也。前人觇国，辄以海岸线短长衡量贫富，重商时代，范畴止于通航；吾国古代，艳称"府海官山"，所见限于局部，皆未足以尽海利：近代科学昌明，海洋功用，其道万千，衣之食之，器之用之，不虑荒芜，不虞竭蹶，但视民族之智慧、学识、技能如何，以定得失。海洋对任何民族，固一视同仁，绝无亲疏之别也。

开发海洋资源，自当以学术研究为基础。语其方式，不外从海水捞取，或蒸发海水而收集其溶质。前者以船舶为利器，后者则非借助于滨海广漠之陆地，将无所施其技。此在吾国得天独厚，尤以自北纬三十度至四十度为最，南自长江北岸以迄辽宁，海岸线延长不下三千数百华里。言地势，则浅滩散在，一望无涯，倾斜得宜，极合实用。言天候，则全年晴日居多，当西北风期，空气特别干燥，汲潮晒卤，无往不利。其间属于久大之盐田，北起渤海，中经胶澳，南至江淮，合而计之，不下十余万亩，实具世界绝大海矿场之资格，只待研究有成，则世称斥卤之地，将一变而为黄金穴矣。考诸史籍，吾民族开发齐鲁沿海资源，由来至久："管仲相齐，谨正盐笑。"史称海王之业。汉武雄才大略，设专官榷盐。足见海产之盛，迈绝往古。所不幸者，从此卷入政治旋涡，牢不可拔！两千年来，但闻攘夺，不事耕耘，新兴企图，殆成绝响。及至明清以迄今日，沿海寇盗相侵，国无宁岁，颓丧之余，乃因果倒持，竟咒诅海洋，讴歌山睑，民族当年意气，荡然无存，成何景象！久大事业，志在海洋，煮海为盐，倚为生命。兹当三十周年之日，特创立海洋研究室。将以化工学术，从事海洋资源之研究而开发之，以确定本公司第二个三十周年工作之标的。举凡溶化于海水中之矿质，从前只重取盐，今后必须进入矿质之全领域，不拘贵贱，在所不遗，行见吾国代钢铁而兴之轻金属，将由吾海矿得来，宝贵之化工、医药原料，将由吾海矿尽量供给。海洋学术，日起有功；海事思想，力图普及全国。吾人相信，惟学术研究，始有前程；惟有向大自然界进展之事业，始能可久可大。志大才疏，愿各方同志多所指教，而玉成之，不胜欣幸。

（原载1944年7月20日　第16年第31期《海王》）

第 三 章

求贤若渴："凡事待人而兴"

人才是永利的真正基础

陈调甫

事业的真正基础是人才，范旭东一向有这样的主张，所以他竭力从各方面罗致人才。我回国后，就向范旭东推荐侯德榜来厂工作。一九二〇年侯回国见范，会谈之下，彼此甚为投机。侯同我说："像范这样的人，是值得我们拥护帮助的。"范同我说："我觉得侯为人很好，你荐贤应受上赏。"我说："我不要赏，我希望能充当催化剂，发生化学作用，对于事业有利，就是我的成功。"

侯德榜工作极努力，"身先士卒"，埋头苦干，穿了蓝布工作服，同工人一起操作，数十年如一日。他这种深入群众参加劳动的精神，我自愧弗如。他从实践中积累了许多经验，曾用英文写成《制碱工业》一书，为世界各国碱业权威所称道，已有俄文译本；又用中文写成《制碱工学》一书。

侯德榜对于碱业的最大贡献，是改善德国"察安制碱法"（Zahn Process），创造了"侯氏制碱法"。现在此法已在国内碱厂投入生产。侯氏法的主要优点：（1）提高原料盐的利用率达98%以上，同时可以直接得到氯化铵充作肥料；（2）可与合成氨工业相联系，连续制造纯碱（Na_2CO_3）和氯化铵（NH_4CL）两项成品，把两种重工业——制碱与合成氨结合起来，增加制造效能，成为联合企业。后来印度闻侯德榜名，请他为顾问。他对于印度达达公司的碱厂，作了很多的贡献，成绩超过英国专家。他在印度所得报酬，赠予永利，这也是旧时代人们所不多有的风度。

范旭东再三嘱咐久大人员对于永利作无条件的协助，久大技师章舒元、文公信、杨子南、欧阳谷贻等，事实上都成为永利的顾问，不分彼此，同心协作，永利得到他们的帮助不少。后来李烛尘正式由久大调任永利要职。

在同辈中，李年龄较长，社会经验丰富，性情憨厚温和，办事持重而不急躁，厂中管理工作，得其助力最多。尤其是久大、永利两个厂的一切职工福利措施，如小学、补习班、医院、食堂、宿舍等，均由他苦心经营，计划设置。在三四十年前的时代，且在企业经济极其困难的时候，能有这样的福利措施，是难能可贵的。

三四十年前的社会恶劣环境，对于这样伟大的事业是极其不利的，尤其是永利出货极慢，债台高筑，四面八方受到嘲笑、谩骂、攻击、阻碍。在此危难之际，全仗李烛尘从容应付，不屈不挠，起了不少的屏障作用，若靠几个埋头苦干的"书呆子"是应付不了的。

机器装好，将要开工期间，我建议范旭东打破各工厂的工头制度，罗致大学结业生担任车间技术员，经大家讨论之后，得到范的许可。我同京津各大学联系，先后由我亲往聘请的，有天津工学院陆献侯、吴览庵，苏州工业学校的章怀西、陶显均、邹孟范及北京工学院的钟子璜、张佐汤等十人。他们初进厂时每月工资三十五元，我尽量把我所知道的告诉他们，他们吸收很快，不久即青出于蓝而胜于蓝，成为熟练能手。后来成为惯例，专向学校要人，先后来厂的有数十人。这支队伍是在最前线冲锋陷阵的猛将，亦是永利基础的基础，对于碱业贡献极大。

侯德榜在美时，物色到工程师李佐华（Gilmer T.Lee）。他于一九二一年来厂，外号为"石灰窑"，因为他善于改良石灰窑的缘故。

"石灰窑"对于永利的贡献，有以下几点：（1）修改了石灰窑自然通风为机器鼓风，促进了燃烧过程；（2）另外设计了一个更大的石灰窑，用自动旋转机出灰，大大提高了效能；（3）加大了吸氨塔的冷却面积，增加了一系列的室外冷却管；（4）扩大了蒸氨塔的溢流管，改塔内管为塔外管，使灰乳畅通无阻；（5）增加了预灰桶，减轻了蒸氨塔的负荷；（6）设计了旋转化灰桶；（7）设计了旋转烤碱炉，这是对于旧设计的一个大革命。

（原载中国文史出版社《化工先导范旭东》）

谁人肯向死前休

——我与"永久"团体

何熙曾

我和范旭东、李烛尘等同在日本留学，交谊甚笃。从一九三四年起，我受范旭东之邀，负责永利原料部；抗战开始后，经历迁川、在西南建厂等过程。回忆点滴，供了解"永久团体"史实的参考。

我原来在周作民处办厂矿企业，月薪六百元。范旭东一再要我去久大、永利工作，但那时他们几位负责人最高月薪才三百六十元。范旭东表示给我五百元月薪，我情不可却，一九三四年间去了永利南京铔厂，担任工程师名义兼原料部负责人。

我进永利后，住在南京山西路新村其干路十五号楼上与旭东相对的房间内，我们除商研铔厂原料外，谈得最多的是肥料三要素。当时氮已有了，是我在广东英德县奔走到的；磷，是海州沈稚友家已在锦屏山订购的，勉强够用，只有钾，须自己设法去找，我在安徽无为州交界的三公山找到含钾矾土矿，含钾达11%，加炼后还可取铝。三者具备，范旭东正在高兴时，日本侵略者侵犯的警报已不可终日了。尤为泄气的是，侯德榜在海外订购的全套

C.C.CO非用净SO_2不可，但侯只订购美产净磺一百吨，只能应用月余，未免令人沮丧。集议之下，只好由我急赴东京，找三井订净SO_2全套，限五十日交货。恰好我的座师井上匡四郎子爵已由政友会尊上为工政会会长，亲自陪同我向三井交涉，任务完成，来回只三星期，范旭东很高兴。

一九三七年抗日战争爆发，"永久团体"决定全部迁川以保实力，并议定先到武汉集中。汉口与重庆的轮船运输，因民生公司与金城银行、"永久团体"有特殊关系，技术人员和家属共千余人，可尽早先行赴渝，只留几十人在武汉与京沪联系策应。铔厂易搬的设备，可以装大趸船，托由怡和、太古的外轮拖运西上。

我决定留两个小的儿女随母住上海公共租界外公家，由我带大儿女西上。九月上旬仍极炎热，我们乘沪杭梵皇渡夜车，偷过已修复的松江大桥，到嘉兴已半夜。我们沿吴江太湖线，天明到南京上海路旧住宅。收拾两夜后，我先探明运河情况，再到海州探视久大第二盐厂，再去连云港视察陇海路终点。久大二厂储盐尚有一千多吨，日本飞机每日越厂窥视，厂长唐汉三惊魂不定，已急急回湘。我回到扬州后，雇黄包车沿北岸土公路当日到六合县城，再雇小驴由永利铔厂后门入厂，人员已走空，晤秘书李滋敏，告以可派杨春澄（源）来协助应付。杨昔在仙台高工学矿，时因三公山已开千余吨矾土矿，他运矾土至厂，寓城中。其时侯德榜厂长欲多运水泥至汉，恐留存资敌。但我不赞成，劝侯多运工具。随与太古巨客轮商妥，在运古董文物的客轮上附运，三日后西上，行七日抵武汉，已是十一月三日。

我抵汉后，金城银行以居仁里的一栋有十间房的屋子交我使用，一切用具齐全，但我劳累之余，即日卧倒，成了病躯，医治三日才起床。

久大、永利、黄海、铔厂和海州、青岛永裕都有人来汉，长江水枯，无法航运，我只能暂且偷安。此时汉口可住之房甚多，李烛尘就利用此时间多做会商，做了分工。永裕青岛早已收拾妥当，人不多，铔厂决定由李滋敏、杨春澄相机应付。久大海州二厂因唐汉三已回家，由我代理设法运出已制之一千多吨盐。以上议妥后，在平静中度过了阳历新年。长江三月水枯，敌机很少来轰炸。京汉路畅通，陇海路亦可运输。迁川之人员和眷属有轮即西上，行动容易得多了。范旭东、侯德榜等连日商谈，决定了三月半前迁川，由李烛尘负总责，并通知唐汉三回来，负久大迁川之责，我负永利、钾厂之责。我即赴郑州与铁路方面熟人谈海州运盐事，又到二厂转告各情，大家准备将已制成之存盐和能运的设备都搬运去川。大致就绪后，我和李烛尘、唐汉三人于一九三八年三月十六日乘飞机穿三峡抵重庆，住大梁子青年会总舍。迁川至此告一段落，我们开始工作。烛尘以自流井制盐即将开始，故特繁忙。我生于灌县，长在泸州，十三岁随刘景长赴东京，相隔三十年又回到重庆，感到极有意义，情绪颇为振奋。

迁川期间，范旭东一心奔走由滇运入水泥，不顾身体健康，我深为感动，友谊愈笃，曾写下"谁人肯向死前休"之句。侯德榜工作认真严格，我深为敬重。我还同侯共译外书三册，简短资料三十余篇。我与烛尘相见虽较晚，而倾谈最多。

永利迁川后因人员众多（技术人员达三百多人），开支浩大，而缺原料、缺设备，业务无法开展。后来只有售出侯德榜极为重视的日产水泥五百桶的全套设备，得四十万元补发工资。因之一九四五年日本投降后，永利还可保持相当技术力量而复原迁回。

（原载中国文史出版社《化工先导范旭东》）

永利是我的第二个"老家"

张荣善

远在四十八年前，范旭东、侯德榜等鉴于中国化学工业已开始迈步，前途无限美好，而他们创办的天津塘沽永利碱厂需要大批合格的、年轻的技术人员。于是，在一九三四年夏天开办了永利碱厂艺徒班。

这个艺徒班的目的是培养懂得科学理论、经过实践锻炼的技术人员。

艺徒的来源由各地与永利碱厂、久大盐厂有关的部门或个人介绍，也有的由各地职业学校介绍的。年龄一般在十五六岁，经过考试，择优录取。半工半读，学习期限三年。

我有一位亲戚是久大精盐公司九江分销处的负责人，介绍我从南昌去塘沽应试，我被录取了。那年，我不满十六岁。因为是第一次出门远行，所以由我大哥护送。到了塘沽，他把我交给永利的人事处便离去。我是第一个报到的艺徒，当天与一群陌生的工人住在一个宽敞的工人宿舍里。我很不习惯，而且有些怕，我想家，偷偷地哭了。

第二天我去拜见外号"阎王"的人事处处长阎幼甫。此人是湖南人，孙中山革命的拥护者，同盟会会员，曾在德国留学。他身材高大，秃头顶，留着牙刷式的小胡，粗眉和一双有神的眼睛，使人"望而生畏"。他对我说，你个儿这么瘦小，穿件长袍大褂，像个白面书生，是来当学徒的吗？我当时吓得不会开口。然后他笑了，又安慰我说，像你这样的小孩是应该到工厂训练训练，学点真本事，受点苦是不会吃亏的。这句话，五十年来我一直牢记在心。

艺徒班共有三十多人，以河北省籍占多数，其余为山东、湖南、江西、江苏等省籍者。我们大家住在厂内一间大屋子里，睡上下铺铁床。外面有个小操场，可以打排球。工厂供应伙食，另外每人每月发十五元生活费。白天在工厂实习八小时，边学边干，也就是既学理论又重实践。晚间上课三小时，教员是厂里的工程师及有经验的老师傅们。工厂实习内容有机械的制作和修配、材料的应用、工作程序等方面，分车工、钳工、锻工、模型、翻砂、电焊、马达和电机的修配等工种。每个艺徒跟着一位老师傅学习，从做杂工、擦洗机器等粗活做起，然后慢慢学习技术方面的工艺。晚上三小时的课程则偏重于工程学的原则与应用，除基本的数学、物理、化学外，还有工程材料、机械及工作图绘制、电工原理及英文，等等。有时全体外出参观工厂。有一年，全班到山西太原去看了十几个工厂。像这样每天十一小时的学习与训练，足足要三年，其成果自然不比一般大专学校差，而学生的实践经验却超过了当时的大专学校的学生。

在工厂实习一个相当时期后，凭主管人的观察，并根据个人的兴趣和发展的可能，分派在某一部门从事专业学习，有电工厂、铁工厂、模型房等。我被分派在翻砂厂，主管人叫萧让之，南开大学毕业，他的翻砂与铸铁的理论和经验都很丰富。在他的指导下，在很短的时间内，我这个入门不久的人，居然能动手做铸型、倒铁水、操作熔炉等活计，并初步懂得些模型的种类与制法、铸型之制造、生铁的性质、炉内反应原理等。学习三年中的最后一年，永利请来一位留日的冶金专家李仲模，设立了一个冶金实验室，装置有小型电炉，钢铁性质与硬度测量器、显微镜及其他仪器，是当时塘沽最新的冶金研究设备之一。我被选到这个最新的实验室去学习，并充当李仲模的助手。李是做研究工作的，很有教授风度。他有一些英美出版的冶金参考书籍，要我先读，打个基础，然后又教我如何使用各种仪器，有关钢铁及本厂铸品的检验与分析以及对于钢铁之缓冷、硬锻、淬锻等研究工作，均由此实验室进行。如今回忆，我国一个碱厂在五十年前，居然有如此与制碱无甚关系的实验室，足见当时范旭东、侯德榜等人的深谋远虑，尽力将工业及科学与研究联结在一起，齐头并进，始能取得良好的成果，诚非一般实业家所能及。

我们学习期满，还没有来得及正式分配工作，抗日战争爆发了。当时永利碱厂厂长是许滕八，他主持疏散工作，并准备工厂南迁。我先回了江西家乡，然后绕道湘桂，到四川西部犍为县老龙坝永利川厂报到，被派到翻砂厂做技术员，和老上司萧让之又在一起工作了。战时一切都感困难，艺徒班也就停办了。我们是第一期也是最后一期永利艺徒班的艺徒。

一九四一年，我在距永利川厂不远的四川省乐山县考入了内迁的武汉大学机械系。很凑巧，永利、久大、黄海的联合办事处也设在乐山，处长就是当年永利的人事处处长"阎王"。在他的领导下，由石上渠主编，在乐山继续出版"永久黄"的同人刊物《海王》旬刊。每周末，我几乎都去"永久黄"办事处看望"阎王"等前辈及老同事，顺便在那里"打牙祭"（吃一顿好饭食）。"阎王"常和我谈些为人处世的哲学，受益匪浅。每年暑假，我都回到老龙坝永利川厂工作，厂方照付我的工资，帮助我在大学读书。一九四五年武大毕业后不久，日本投降了，我便随永利的人马从四川到南京，进了永利南京铔厂，被分派在高压部做值班工作，一直到一九四七年底到美国读书为止。从进永利艺徒班到武汉大学再出国十三年的时间里，我与永利的关系十分亲密。永利是我的第二个"老家"，同事们是我的家里亲人，几位上司是我的可敬的"家长"。在永利不论是到谁家，我以老弟的资格登堂入室，家家亲切待我，这是"永久黄"团体的"传统家风"。

在此，我要提到一位无名英雄，他在八年抗日战争期间，在万分艰苦的环境中，主持永利川厂。日本投降后，还是他在万分艰苦的环境中，又主持恢复南京铔厂。这位老厂长叫傅冰芝，同人们称他为"圣人"。他早年留学美国，一肚子学问，不为名利，埋头苦干。他一生业绩，为同人们所称赞；他的为人为同人们所仰慕。范旭东与侯德榜请他在那非凡的时期先后负起两个大厂的领导重任，不是没有经过考虑的。我入武汉大学和来美读书，受了他不少教诲与鼓励。当我出国前向他辞行时，他紧紧地握住我的手，含着泪惜别说："我能否再见到你呢！"我到了美国不久，得到他病逝的噩耗，极其悲痛。他那慈祥、和蔼的音容，至今深刻地留在我的记忆中。

永利碱厂有个重要部门叫设计部，主管人是美国普渡大学毕业的李祉川，他对青年人的培养、提携十分关注，很受厂内职工的崇敬。我受他的教益很多，正是由于他的支持和帮助，一九四七年底，我与同事皇甫奎来美国学习。皇甫在一九五二年读完硕士学位后返国，现任武汉化工设计院总工程师。我则留在美国继续求学，后来参加了工作。从一九五三年至一九六一年，我和北京的侯德榜博士常有信件往来。有一年他因公到欧洲时，还与我通过一次长途电话。在与他交往的时间里，我更深刻地认识了这位"国宝"。人所共知他是一位学术高深、经验丰富、生活严肃的化学权威，此外我还发现他有办事周到细致、关心与帮助他人的美德。他有一个侄儿侯虞钧在美国读书，他在北京为他安排学习与生活的计划寄来。他要我注意身体，学好知识，力求上进，担负起青年人应负的历史使命。他要我在美国替他留意国外发表的有关化工的学术论文与资料。他是美机械工程学会及化学工程学会的会员，每年按时来信提醒我不要忘记替他交会费。我们多年通信，但他在信中却从未说过他在国内的工作、职务及生活情况。我有一次在报纸上才知道他在北京担任化工部副部长。一九六一年以后，他的音信忽然断绝，我有信去，他无回音。那时我对国内情况很不了解，为了免得给他引来麻烦，我也只好不再与他通信了。

一九七六年，我回国省亲、观光，特地绕道南京，请接待我的中国国际旅行社的一位先生为我安排到大厂镇参观现在南京化工厂，即当年我工作过的永利南京铔厂。那位先生好奇地问我：你是回国省亲、观光的，为什么要拿出一天时间专门去看这家工厂？我说我是那个工厂出身，很想念它。第二天，我俩坐着车子来到大厂镇，在厂门前有十几位永利的老同事整齐地站成一排，欢迎我的到来。我惊喜交加，情绪激动，一时说不出话来，只是和每个老朋友用力地握手。虽然一别三十年，我却能一个个叫出他们的名字。厂长对我说，他们今天有一天的时间与你相聚，你们尽情地畅谈吧！我们有谈不完的家常，叙说不尽的离别深情。我在厂内参观了几个主要部门，今非昔比。过去我工作过的高压部，原来有两部德国的高压机，现在只剩下一部，另外却增添了十部本国制造的大型高压机，原来全厂只有一个医药室，一位医生和一位护士，现在发展成为一个有三百个病床的大医院，原来厂内有一个小学，现在扩充为一所专科制的大学。我对那些老朋友们说，中华人民共和国成立后蒸蒸日上，南京铔厂也旧貌换新颜。在返回宾馆的途中，我对中国国际旅行社的那位先生说，你看我到南京化工厂是不是回乡省亲的呀？他笑了。

一九八一年，我应邀回国讲学。在北京、成都、武汉、上海、广州等地，所接触的与化工有关的部门和工厂，发现几乎都有"永久黄"团体出身的工程技术人员，这说明当年范旭东为中国的化学工业确实做出了极大的贡献。单以永利的艺徒来说，当年的十几岁的艺徒，中华人民共和国成立后，许多人成为工程师。我知道的有现在天津碱厂（永利与久大合并）的副总工程师陈垂瑜，副总动力师张赓华，已经离休或退休的还有中央化工部设计院工程师黄克平、李文雄，中央第二机械部工程师钟景贤等。

如今范旭东、侯德榜、李烛尘、孙颖川、傅冰芝等前辈都已谢世，然而他们热爱中华、艰苦创业的精神为我们后辈人做出了光辉的榜样。我们要向他们学习，步随他们的后尘，为中国的化学工业的发展做出新的贡献，告慰前辈于九泉。

（原载中国文史出版社《化工先导范旭东》）

中国化工人才的摇篮

陈歆文

事业的真正基础是人才

第一次世界大战期间国际交通受阻，洋碱（纯碱）进口骤减，英商卜内门公司乘机囤积居奇，碱价涨了七八倍，还是有行无市，不少以碱为原料的工业纷纷倒闭，人民生活由于缺碱也困难重重。范旭东素负"工业救国"的宏愿，值此帝国主义仗势欺人，国内需碱急切之际，联合景学钤、张弧、李穆、聂其杰、姚咏伯、王季同、陈调甫等人于一九一七年在天津组织永利制碱公司，范旭东任总经理。

范旭东深知："事业的真正基础是人才。"所以从他开始担任永利制碱公司发起人时，就在人才问题上更加着意三分。永利的发起人中，除有政界、金融界、商界、实业界等一些与发展碱业有关的著名人士外，还有熟悉碱业的工程技术人员。其比重竟占发起人的三分之一左右。

范旭东发现留学英国的技术人员王季同熟悉碱业，就千方百计争取他加入永利，破格免除他应缴的发起人股金，而列名于发起人之中，并委以主管技术重任。还罗致到东吴大学毕业、才气横溢的有为青年陈调甫。范旭东与王、陈两人经过努力，在发起成立永利制碱公司之前，曾当众表演过小型制碱试验，并得到了纯碱。试验的成功为股东们奠定了对未来事业胜利的信心，也为公司资金的筹集打下了坚实的基础。

范旭东很明白，事业的成败关键是技术路线要选择得当。他选准了技术先进的苏尔维法，但苏尔维法的技术一直被国际苏尔维集团严密控制，既无专利可买，又无图书资料可参考。要使用这一技术来创办制碱工业，唯一途径是依靠自己的力量重闯新路。为此范旭东殷切期望找到能设计和掌握苏尔维法制碱的专家。

一九二一年范旭东派陈调甫赴美考察，并委托他就近在美国物色优秀人才。陈在美国经纽约华昌贸易公司李国钦介绍认识了侯德榜。陈急切地把苏尔维集团垄断技术，卜内门公司在中国的横行霸道，国内需碱孔亟，范旭东待人至诚，求贤心切的情景，一一向侯德榜作了介绍。

侯德榜当时是位有理想、有见识的爱国青年，听了陈调甫这番介绍，深感："范先生推许之诚，应将制碱有关技术方面，勉强地一肩担起，"欣然接受了范旭东的聘请。通过陈调甫的努力，在美国还物色到刘树杞、吴承洛、徐允钟、李德庸等几位高级技术人员。范旭东把这些人视若珍宝，当即委侯德榜全权负责技术。为了罗致人才，范旭东在国内广开才路，他请陈调甫到各高等院校去物色优秀毕业生，又会集到一批如吴览庵、张佐汤、郭炳瑜等有为青年。这样从国内外招聘来的两批人才形成了永利技术力量的基础。

范旭东一方面到处物色人才；另一方面着力自己培养技术力量，为此公司成立了艺徒班，由李烛尘、陈调甫去招收各职业学校和高级中学的毕业生加以培训，由侯德榜等一批高级技术人员亲授课程，并且由车间的老工人带领实习。艺徒班中考试要求很严，第一期艺徒班学了三年，用这种办法培养了一批技术人员，其中不少人后来都成为工程师，优秀者升为总工程师的也不乏其人。由于范旭东在罗致和培养人才上花费了功夫，为以后永利事业的胜利奠定了基础。

择优招聘　量才录用　拔尖培养

范旭东爱惜有真才实学、艰苦奋斗和实干精神的人才，所以在招聘人员时极为严格。如与北洋大学协议凡化工系毕业生中前三名都由永利聘用。技术人员初到永利时都要缴验学业考绩单，并由侯德榜等高级技术人员亲自谈话。即使这样也不立即任用，一般要有半年的"实习期"。所谓"实习期"就是把新来的人，放在实践工作中考核才能。在实习期间如学化工的往往是先留化验室做分析，由技师负责经常分给原料或各种样品，分析其成分含量，而这些原料或样品全是前人做过的，有明显结果，通过这些来考察实验室工作能力和水平。三个月以后，再分到车间去实习，这样便可以较全面地了解技术人员的能力和各方面专长。又如学机械的便让设计一个小阀门，由画图开始，到制模、铸造、上床加工、装配等全要独立完成，从中来考核能力。半年以后，认为合格就正式任用。

严格的考核和筛选，保证了永利技术队伍的精明强干。范旭东深知一个专业人才形成之不易，一旦录用就按所学专业及在考核中所发现的才能和兴趣分配工作，量才录用，并使工作长期稳定，以便他们在工作中积累经验，逐渐提高技术水平。永利用人一般注重才华，但也不绝对，如于锡泰才能并不出众，可是他对工作兢兢业业，承办之事能全力以赴，永利对他就给以重任，曾任水气车间主任、安全科长、制造处副处长。

永利不管是行政部门，还是技术部门的负责人，基本上都是选用在这一部门中技术上最精通的、有组织能力的人担任，这样既发挥了人才的作用，又可精减人员。如永利南京硫酸铔厂的财务科，只有科长、会计、出纳三个人负责全部财务，要求财务人员精明强干，效率很高，不然是绝不能胜任这一重担的。当时财务科科长，既是行政负责人，又是经济专家，他所以能担任此重任，和他的才能是分不开的。

在永利工作的技术人员凡是兢兢业业而又有才能，进取心强的，经常会被拔尖培养，培养的方式也很多，如选派出国学习、进修、实习，搞设计、参加国外技术服务，等等。仅一九三八年至一九四八年的十年间由永利派出留学（包括考取公费留美的）、进修和工作的就有二三十人之多，让他们积极学习国外的先进技术，再来提高永利的技术水平。刘嘉树、张燕刚、郭炳瑜、王品三等人都是在重庆经考试选拔出来的优秀者，被送往美国培训。第二工业部副部长姜圣阶当时也由于工作认真，刻苦努力而被送美国进修的。永利曾先后派张佐汤、刘嘉树、郭保国、张燕刚等到印度达达公司进行技术服务，侯德榜也五次去印度帮助解决技术难关，为解决印度纯碱问题作出贡献。侯德榜、李祉川等人还曾帮助巴西、墨西哥等国筹划建厂。通过技术攻关、出国进修、技术服务等各种方式进行培养，使永利技术人员经常保持一个较高的水平，通过这些途径确实也为永利培养出一批高级的技术人才。

广、深、严、帮

永利对一个成熟的技术人员的要求是广、深结合；在培养人才的方法上则是严、帮结合。侯德榜熔广、深、严、帮于一炉，堪称师表。

侯德榜是世界闻名的制碱专家，对酸、氨、有机化学等方面都造诣很深。二十世纪四十年代初他已五十多岁了，在美国还带领永利的工作人员，利用工余到A.S.M.E.夜校专修机械、电气及钢结构工程。他常说"勤能补拙"，直到晚年他还说："我的知识也不够用，也需不断学习。"他每遇问题总要"追到底"，不得结论，决不罢休。提倡"綦思"和"自由的学术争论"。这些都是他传给后人的优良学风。永利有这样一位学识渊博、虚心刻苦、治学严谨的技师长，为后来的人才辈出奠定了深厚的基础。

侯德榜对技术人员说："要当一员称职的化学工程师，至少对机械、电器、建筑要内行。"在日常工作中永利也是这样培养人的！凡是当值班技师的（相当现在的总调度），一定要先让他到各车间熟悉情况，然后任命。搞生产的不仅要求精通工艺、设备、调度，还要求会设计、研究；搞研究的也要求了解设计、生产。例如搞机械的光会计算、画图不行，一定要跟着去制造、安装，直到投入生产，运转正常才行。这种"负责到底"的原则，就要求技术人员对专业有较深的基础和广泛的知识，迫使他们去刻苦学习和钻研技术，也加快了技术人员成才的速度。

严振常是"变换"的专家，他不仅熟悉生产，对设备和安装都很精通，他也是我国少有的压缩机专家。刘嘉树是制碱的行家，他不仅精通生产，对设计和研究造诣都很深。

永利对技术人员的基本功要求很高，在工作中要求也很严。做一项研究，一定要从自己配标准溶液起，分析方法的确定，数据的核对处理……全有明确的要求。一个样品要重复好几次才能确定，重要的样品要几个人做，凡是误差超过千分之三的数据都要报废。

由于要求严，工作也是过硬的，有几次采购部门和马鞍山硫铁矿，在原料成分问题上打官司，结果都由于永利的分析数据准确而取胜。

二十世纪四十年代的联碱试验，侯德榜规定同一条件要做三十遍，起初有些技术人员认为这样做费时耗功，重复太多。可是，后来发现试验到二十多次以后数据就非常稳定，几乎小数点后两位的数也相同，这时大家才认识到做三十遍的意义。

侯德榜对管生产的技术人员，常在生产问题上追根究底。有一次参观自动卸料的括刀式离心机后，回来就问技术人员括刀的刀口用什么钢材？……侯德榜总是从实际出发，深入仔细地提出各种关键而易被人们忽略的问题。

侯德榜在培养青年时虽呕心沥血，但从无倦意，对有志勤学的青年他总是全力相助，培养成才。有一个服务员，一点文化也没有，但勤奋好学，侯德榜经常抽空帮他学文化，后又送他到化验室，在郭锡彤手下当助手，在郭的耐心帮助下，他认真做每一项试验。他还善于积累资料，凡做过的试验，分析方法、步骤、计算，注意事项……全仔细地记在小本上。后来他居然能独立地完成很多艰难的分析项目，被晋升为工程师。在永利老一辈技术人员的培养下，由描图员而成工程师者有之，由艺徒班的技工而成总工程师者也有之。郭炳瑜工程师说："一九三一年进厂时，侯德榜经常要来检查青年技术人员的学习笔记，为新进厂的技术人员造成了浓厚的学习气氛。永利的老技术人员在侯德榜的带领下，在工作中对青年技术人员既严又帮的做法蔚然成风，有力地促进了青年技术人员的成长。"

用人种种

永利是很得人心的，以侯德榜为首的技术人员对永利的事业表示："吾人今日只有前进，赴汤蹈火，亦所弗顾。""只知责任所在，拼命为之而已。"而以李烛尘为首的永利高级职员由衷表示："我们都愿跟随范先生。"多数的永利职工"在行动上宁愿牺牲个人，顾全团体"。技师长侯德榜回国后，潜心于开工和解决各种技术难题，日日夜夜寝食在厂，身先士卒，埋头苦干，先后四五年连家眷都顾不得从老家接来，全力以赴为事业而奋斗。抗战胜利后永利职工出川复原，当时塘沽碱厂、南京硫酸铵厂已被日寇破坏得满目凄凉，但永利职工积极抢修，团结一致，不分昼夜地奋战，更不知有周休，费时不多就使两厂先后开工，并且迅速恢复战前产量。为什么永利的技职人员和工人能对永利的事业这样忠心耿耿，积极肯干呢？

工作上信任：永利开工时期毛病百出，生产迟迟不能正常，工厂财政极度困难。曾有三次出现过倒闭的危险，股东们也意见纷纷，要求另聘外国工程师来代替侯德榜。可是范旭东力排众议，一方面从久大精盐公司借钱来维持生产，解决财政困难；另一方面让大家不要去干扰侯德榜的工作，并深有体会地说："创业难，带有革命性的创业尤难。"范旭东的态度是对侯德榜极大的信任和支持，从此侯德榜"一意从事死拼，以谋技术问题之解决"。认为"万一功亏一篑，使国人从此不敢再提'化学工业'，则吾人成为中国之罪人"。经过四五年的奋斗侯德榜终于幸免功败垂成的遭遇，取得制碱事业的胜利。

在南京硫酸铵厂的建设过程中，触媒用了两天就发生问题，厂里对此并没有急于追究责任，而是将触媒重新换过，从头至尾严格把关，直到生产正常，这时才知道第一批触媒并没有问题，而是操作上的问题。

永利不论是在安装、试车、生产中一旦出现问题，侯德榜总是领着技术人员到现场进行调查研究，一起讨论分析问题，找出症结，总结出经验教训，提出解决办法。这种对技术人员信任、支持、谅解和对技术工作不抓辫子的作风，使技术人员既能勇于创新、积极大胆地工作，又能从工作中积累经验，这样对技术人才的成长是有益的。

生活上照顾：永利认为让技职人员把宝贵的时间花在琐碎的日常生活中是得不偿失的，为此厂方要求事务部进行"全面服务"。例如住家规定用煤由厂方免费供给，一旦家里煤快烧完了，只要给事务部打个电话，煤一定可当天送到，绝不误生活所需。北方人初到南方吃不惯大米饭，厂里专门请了一个北方厨师为他们办小灶，这样厂里花费不多，可解决了北方人的习惯问题。对单身职工更觉得他们年轻，应有更多时间投入学习与工作，让他们每人住一间房，保证有安静的环境，每天还有人负责打扫房间，洗衣服（费用自付），傍晚还给打药水，免遭蚊蝇之害。

侯德榜初到永利迫于工作紧张，责任重大，长期和家眷分居，厂方为此深感不安，一方面积极安排住房，另一方面屡屡督促侯总回家接眷，为此侯德榜念念不忘。

永利对技职人员是这样，范旭东本人也如此。对同人的家庭或个人遇到种种困难，他总是慷慨解囊作将伯之助，往往不留姓名。抗战期间有一次范旭东偶闻刘嘉树父子离散，天各一方，十分挂念，苦于没有路费。第二天范就让财务科送支票给刘，以助川资，使刘很感激……

凡此等等，永利是很注意在这些小事上花功夫。所用精力、财力不多，但很暖人心，职工愿意为永利卖力气，感到在永利有住头、有奔头。这些对永利事业的成功，人才的培养都是很有益的。

养用兼蓄：范旭东深知人才是事业真正的基础，所以不论永利的事业处于初创、发展和困难的时候，他总是把人才问题放在显要位置来考虑。初创时期由于得力于陈调甫、王季同、李烛尘、侯德榜诸位栋梁大材，使永利渡过不少的困难，取得稳固而迅速的发展，更加深了他的爱才之情。抗日战争爆发，永利塘沽厂和南京硫酸铵厂先后陷入敌手，在沦陷前他在撤退工作要点中阐明：技术人员和老技工要积极转移，技术资料能带则带，不能带则毁，重要机器或关键部件则拆除转移。留给日本侵略者的仅是工厂的躯壳而已。

抗战八年中永利基本没有收入，全靠借债度日，可是范旭东深知人才的造就绝非一朝一夕之功，他坚决不让永利技术人员离散，采取全部养起来的政策。此外为使永利不致拖垮便和广大职工讲明工厂具体情况，要求谅解团体的困难，共渡难关，以期来日之复兴，为此采用按比例折扣发薪的办法。

为了解决物价飞涨而带来的困难，采用了米贴制度，还帮助职工组织生产消费合作社，盖了大批简易宿舍（草棚）和一个完全小学。这样使流落到大后方的永利职工，在基本生活上得到了保证，安定了人心。当时永利职工的生活是很清苦的，但广大职工是苦而不怨，与工厂同舟共济，还尽量地工作，办起了小规模碱厂、玻璃厂、陶瓷厂、砖瓦厂等，这些小厂对支援抗日战争和解决内地人民的生活需要起到积极的作用。永利职工一方面办些力所能及的小工厂；另一方面还为在内地进行大规模建设做了资源勘探、厂址选择等工作。研究工作也从未间断，举世闻名的"侯氏碱法"就是在艰难困苦的大后方飞出来的，成为可以使中国人引以自豪的金凤凰。

在抗战这样艰苦的条件下，永利技术人员提出离职高就者鲜见。有别的企业想向永利要人，永利也是"借用可以，人权不放"，以备来日复兴之用。

中华人民共和国成立前夕，永利为保护工厂和不使人员离散，一方面组织工厂护卫队；另一方面购置巨量大米，堆满一礼堂供全厂职工食用，用掉多少随时购进多少。同时还规定请假不准超过期限，过期者，未经厂方同意不得回厂（后来的实践证实，当时擅自离厂和请假逾期不返者，永利再也没有起用他们）。这样既稳定了人们惶惶不安之心，也为中华人民共和国保留了大批建设人才。

谦让、团结：永利在用人处事上是很注意团结和谦让的，公司的信条之一是："我们在行动上宁愿牺牲个人，顾全团体"，在这些方面范旭东身体力行，可谓楷模。

二十世纪三十年代初侯德榜在天津北洋大学兼课，范旭东得知此事，毫无为难之意，唯下令"凡侯去天津讲课一定用专车接送，以节省他珍贵的时间"。侯对人说范先生："熏陶同人之法，则邀其人外出散步，借以详谈情形，交换意见，用讨论方式，达其训诲目的。"

范旭东十分尊重在厂的科技人员，在建设南京硫酸铵厂时，曾建有包括室内实验、中试装置、设计、资料等部门的设备齐全的试验大楼。落成后，范旭东为纪念侯德榜的卓越贡献特命此楼名为"致本楼"（致本是侯德榜的名字）。当以侯德榜为首的技术人员突破技术上的困难，确立了联合生产纯碱与氯化铵的新工艺流程后，范旭东深受感动，为表彰侯德榜在制碱工艺上取得的新成就，亲自于一九四一年三月十五日在永利川厂厂务会议上，命名这一制碱新法为"侯氏碱法"，并于第二天驰电在美国的侯德榜聊表崇德报功之忱！范旭东对侯德榜一向有很高的评价，一九四三年十二月八日在永利公司五通桥大会上，范旭东致辞说："永利所以在化工界能有些许成就，中国化工能够跻身世界舞台，侯先生之贡献，实当首屈一指。"并称侯德榜等一批高级人才为"国宝"，要加倍爱护。

范旭东是我国化工界不可多得的人才，唯其如此，他更爱惜人才。广大永利职工对范旭东的敬重也是莫过于斯。侯德榜曾说："范先生遇事则功归于人，过归于己。"由于范先生爱人、容人、敬人，所以他是深得永利同人的爱戴的。在范旭东逝世的时候，永利上下悲恸欲绝，侯德榜痛哭流涕誓言："同人继承范先生遗志，遵范先生之计划进行，一切无变动。将来若有小成就，非同人之力，乃范先生擘画之功；若其无所成就，非范先生之计划不善，惟予等小子无良。"可见范先生得人心若此，永利同人团结精神若此。

奖金、加薪：抗战前的永利每年春节都要加薪一月，平时全月满勤则加薪二天，全年满勤加薪一月。按照永利章程规定：每年所得纯利，提出应缴税款和公积金后，其余以四分之一作为职员奖励金。每年年终按各人工作成绩大小发给奖金（不是每人都有），数量不一，确有按功论赏之实。每年有一次加薪，加薪工作由车间领导负责提名，到厂部进行平衡，工资加与不加，加多少（一般五元、十五元、二十元不等），全看工作成绩而定。这种奖励和加薪办法能鞭策和鼓励技职人员去努力工作，钻研技术，客观上促进了人才的成长。

工资、待遇：永利为得到高级的技术人员和熟练的技工，工资高于一般工厂，这样可使他们安心在永利服务。

职工住房、电、煤、水都免费供应。职工和家属全部免费医疗，住院也免费。工厂设有设备齐全、师资力量很强的完全小学，职工子弟可免费入学。

这些解除了技职人员的后顾之忧，使他们有更多的时间和精力用在学业的进步和技术的钻研上，为人才的成长创造了客观条件。

人才摇篮

一九四三年范旭东提出雄心勃勃的战后化工十大企业的复兴规划，得到美国的资助。由于国民党政府不抱支持态度，事业的进展遇到困难，范旭东忧愤致疾，一九四五年十月四日病逝重庆南园，但他至死仍不忘事业，给永利职工的遗言是："齐心合德，努力前进！"

范旭东谢世，侯德榜不仅继承遗业为永利化学公司总经理，也继承了范旭东的优良作风，他和范旭东一样也是一位善于发现和培育人才的化工伯乐。

中华人民共和国成立了，侯德榜及其他一些永利在国外的技术人员，克服了各种困难纷纷回国，和国内的技术人员一起参加中华人民共和国的建设工作。永利在范旭东、李烛尘、侯德榜几十年的努力下，结集、培养了一批有为的化工人才，尤其在公私合营后，永利的所有制起了根本的变化，永利的技术人员大批投身到伟大祖国社会主义建设的洪流之中，攻坚夺关，发挥了技术骨干的作用，为社会主义建设作出重大贡献。由永利向国家输送的技术干部，在党的培养下任工程师的几十个，总工程师十几个，院、所、厂、司、局长有八九个，副部长两人，部长一人。周总理对永利在造就人才上有很高的评价，一九四九年周总理在访问永利总办事处时曾说："永利是一个技术篓子。"这个篓子就像摇篮一样，为我国的化工事业培养了大批的建设人才，对我们的中华民族贡献了自己的力量。

（原载中国文史出版社《化工先导范旭东》）

第四章

实业救国：“现时中国需要工业，是为救国”

制碱一事吾中华民族已到非做不可的时期

——致聂云台信

云台先生大鉴：

　　顷由家兄转到廿九日手书并陈君来缄，得悉一切，当即电复，文曰"缄悉，请先将南昌存款尽数作成美元汇去"。谅早邀青及其款已否汇去，务祈从速，因陈君屡次电催故也。尊处股份如一时不能交出，不妨稍迟，此间尚有存款可以先行动用，不难补足十万之数也。此次汇去之数目及日期请速电示，以便转电陈君。

　　宋示对于未观试验之成绩，遽尔汇款购置机件，颇觉危险，诚属当然。但试验如果不行，陈君断不得轻轻放手随便去购机器，此层弟可确信，千祈勿虑。况兹事之安危绝不在试验成绩之美恶，因试验成绩不良，固可断其将来必无好果，即使试验完全无缺，将来仍要经过几许困难才可成功。此投资永利者应有之觉悟，而弟所以仰望先生之帮助者，即因有此缘故，非得有意识者不为功也。尚祈鼓舞勇气图之，弟当以一身之名誉作兹事之保证。又碱价低落，因一则因英美两国碱商之竞争，一则因金价太贱所致，乃一时现象，万难持久，此弊现正设法防御或不致受其影响。

　　总之，制碱一事吾中国民族已到非做不可的时期，吾人当努力，努力去干一番，即或失败亦当败自吾人，不可希望他人，尤不要遗之后辈，况事在人为，天下绝无难事乎！先生明断以为如何？南昌股户收据不卜已否，填发交由原经手汇款银行寄去，尚祈示知，否则由此间直接填寄亦可。

此颂大安

创办主任

九年一月三日

公私合营永利久大化学工业公司历史档卷（永利案卷顺序号315）

制盐事业上关国课下系民生

——上张韩军团长书

汉卿、芳宸军团长麾下：

敬陈者，窃以盐为民食所资，今世文明诸国莫不食用精盐，力求清洁。我国盐制向为官督商销，积久生弊。即以盐质一项而论，甚至有杂劣不堪入口者，此在前清之季所由动受外人指摘，致令洋盐输入充斥市面，成为一种意外漏卮。民国三年，政府鉴于前失，筹思所以补救之方，遂有制盐特许条例之公布。其时锐适自欧洲调查盐务归来，不揣绵薄，集资创设久大精盐公司。其目的原非专于盈利，窃欲借此区区团结之力，举行改良食盐之实。故曾标扬营业要则三项：一则无论精盐运销何埠，其售价必与该地粗盐相同；二则盐质洁白精良，务除污秽掺杂之习；三则斤两悉依法定，不容短扣取利。凡此数端十数年来厉行罔懈，此不独食户所深知，抑亦全国人士所共见，初无待于自行表白者也。在此十余年中，虽与同业旧商进退异趋，时遭抨击，然食盐应予改良，究为国人向上心理之所注。故闻风兴起，相率举行。如烟台、青岛、营口等处先后成立之精盐工厂，殆已不下十许家。譬之行远其在精盐事业身当披荆斩棘之役，甘犯百难以致今日之半途者，则公司固实先其责也。乃者国家多故，战役频仍，兵兴则饷械必有所自出，加捐增税殆属自然。公司值此时期固当勉尽微力，共济时艰。惟负担已重，势且影响于事业之存亡，此中特殊情形自不能不为分别缕陈，仰邀鉴察。本月四日奉到京、榆一带芦盐食户饷捐总局令文，并颁布精盐饷捐简章九条，规定每担二元之捐率。除将公司精盐销售实况难胜加税各情直接声复并请转呈外，兹请更将万难担任详情进为麾下撮要历陈之。

一、精盐原料虽系取自芦盐，而行销区域不尽在长芦一隅。其运销长江一带者，既须与淮商竞争，又须与烟台、青岛各公司运去之精盐对抗，始能存在。设久大一家每担加捐二元，则久大之卖价必高，势必无人承购，是无异禁绝久大之行销而奖励淮盐与烟台、青岛之精盐，此中情形不难实地调查以资佐证。且精盐年纳芦盐税款约占全数四分之一，设此停歇，非惟一地方之事业中断，失业可忧，其影响于盐税之收入关系尤大。况原料取自长芦，确于长芦盐民生计亦为有益。公司前受战事影响，停工七月之久，国课暨灶户短收甚巨。现在甫经开工，若不分别行销区域一律课以饷捐，势必无法支持，仍归停顿。此应请麾下曲予维持者一。

二、关于直省协饷，早经直隶褚督办与北京盐务稽核总所双方签立协定，每月议由稽核所拨归直省三十万元，约定除中央正税外，不另征他项捐税。其命意无非为巩固芦盐税收，裨益地方军实。此次公司奉到京榆一带芦盐食户饷捐总局训令后，曾经分别将公司特殊情形呈请盐务署稽核所转商军团部，谅蒙鉴及。伏思值此军需孔亟时期，诚非征收税款莫由救济。只以公司事业性质特殊，且间接负有补助协饷之重任，一旦精盐停运，则协饷必致短少，影响之大无与伦比。设精盐能源源南运，税饷自然增加，中央收入既多，其于军团部间接裨益当非浅鲜。抑更有进者，精盐一部分运销长江区域，而纳税在北方，因之南方日以北税南盐为口实拟加严禁。公司处此进退两难境地，暂时自不能不冒险进行，而南方强令停售，随时可能实现。是公司目前状况已属岌岌可危，此关系中央税收暨直省协饷之精盐，应请麾下俯赐考量设法维持者二。

总之，制盐事业上关国课下系民生，当兹军需孔亟之时，公司自未敢于长芦区内希图例外。拟请援用民国九年直省征收食户饷捐前案，凡在长芦辖境内行销精盐，自当依同芦盐捐率遵令缴纳。至运往他埠精盐，公司因上述种种困难实属无力担负。惟有恳请准予援案免征，并即饬知京榆一带芦盐食户饷捐总局分别办理，以恤商艰而维国课，公私两幸。

临书迫切，无任屏营。敬颂勋绥，诸希鉴察。

范锐谨上

十六、十一、二十二日

公私合营永利久大化学工业公司历史档卷（久大案卷顺序号125）

兴办近世的工业　是今日中国人惟一的活路

——自　觉

兴办近世的工业，是今日中国人惟一的活路。尽管有一部分的人们不明白世界经济大势，对于近世的工业怀疑，或是鄙弃它，或是提倡玄妙的学说，想养成国人都有餐风饮露不必人间烟火过活的本领；或是开倒车，希望中国退还到蒸汽时代以前的状态，各人纺各人穿的棉纱，各人吃各人磨的面粉，我辈都不去管他。我辈相信我辈今日所办的事业，确是合乎世界常轨的，是为国人开辟生路的。

照这十多年的经过，觉得我们的内部，还有许多地方仍旧没有脱离中国的常套习惯！所以当这个兴办近世工业的重大责任，总嫌不够，有时实在害怕。

第一，我们内部的组织始终不精密。一部分同事的技能没有充分的发挥出来，就是一个人没有得一个人的用处。

第二，感情的成分太浓厚，法治的成分太薄弱。

第三，和世界上的新鲜学说和事绩，太不接触。

第四，同事尚有多数不明白公司事业之目的何在，自己对于此种事业之目的何在，因此发生不出兴趣来，陷于随随便便的态度。

久大、永利的事业，在国内都是创造的，将来的影响必很远大。我辈想为中国树立近世工业的规模，最好就用它做个苗圃。所以我辈应该时时念及我辈的强处和弱点，如上列四条关系实在是重大！这并不是公司改一个章程和开一两回会谈谈就可以改革好的，最要紧还是人人个个自家觉悟这类弱点，时时各人加番警惕，造成一种新习惯，才是根本要义，我辈的精神也才有贯彻的希望啊！

（原载1928年10月20日　第1年第4期《海王》）

民国二十年我们应有的觉悟

我们的事业，自从民国四年开幕到去年，已经有十五年的历史。这十五年中间，共事的同人都很辛苦，都本着勇往迈进的精神、和衷共济的美德去干，所以在这种惊涛骇浪中间，居然还能建设出今日的地位，这是很可宝贵，而且值得我们大家引为荣幸的。

中国盐务和政治的黑暗，向来是互相表里的。我们常说清朝可亡，盐票是不可废的。贪污有人喊打倒，那专吸人民生血、惰民式的盐蠹，倒反能够受上宾的待遇，我们也不知道是幸，还是不幸！我们又偏偏选着这个职业，去和他们做对手，所以十五年来不知道淘了多少闲气，受了多少磨折。毕竟力气是不会虚掷的，时代潮流是可顺而不可逆的！他们虽仗着历史上悠久的习性和"卑礼""厚币"两套所向无敌的武器，究竟没有多大用场，他那金瓯无缺的引岸，居然一天一天地缺了下来，中国同胞今日享到有钱随便买盐吃的自由，总算是这十五年来我们同人微微的一点贡献。

在民国初元，我们主张把中国沿海过剩的盐输出国外，免得盐民流为饿殍。盐务当局听了都很骇然，尤其是那班绿眼黄须自命经济大家的客卿，偏偏作正面的反对，一若天国的盐，是不能随便周济旁人的。后来因为逼得太紧，才有输出的章程公布。章程的内容确是穷人世束缚之能事，只要想得出，都写了出来，其结果当然没有奸商敢来尝试了。剩余的盐也就堆积如山，去点缀海边的胜景。他们没有法想，就有主张用国费运到海里丢去的；也有说要挖个大坑把它埋掉的，议论百出，不了了之！至于为着要防私运白白地养了许多场警，日日夜夜去看守着，因此花去的粮饷和被私运了去损失国家的正税，那确没有人替它计算，这是何等合乎经济原则啊？现在却不然，只怕外国顾主不光降，条件是很公允的，天国的盐务居然商业化了！我们的永裕，也就靠着输出盐斤，做专门营业。回顾往事，只觉着时间劳力牺牲得太无聊罢了！

至于工业用盐免税，更是梦想不到的。永利在民国六年，虽勉勉强强得着这个特许，确是忽而被推翻，忽而又复活，十几年间，接二连三闹了好几次，什么两角钱一担的税，六个月一次的限期，犹太医生居然临时变成了工程师，派到工厂来查考，又有什么最高税率的担保，真够我们应付的了！我们为着资本太小，工作艰难以及外国脱拉斯的压迫，已经九死一生；不意还要我们担付巨额的律师诉讼费，宝贵的光阴，消费在乞怜求饶的更不知道若干！现在呢？农工用盐章程居然由政府自动的发布了，并且大书特书："凡依本章程发放之盐，每百斤征银三分；但经财政部特许，得免征之。"我们不敢贪天之功，说这是由永利奋斗出来的结果，我们却敢大言不惭地说句，是受永利奋斗的影响所致。永利对于祖国的基本工业，实在是意味深长啊！

现在是民国二十年了，我们的回顾，并不感觉愧怍。国政既赶上建设的坦途，从前军阀贪污，应该绝迹于中华民国；以后我们的烟筒，绝不致再因一纸公文就冒不出烟来。我们何幸躬逢盛会，更应该努力一番完成我们的任务。

在过去十五年，我们仅仅画了事业的轮廓，谈不到成功，想要它表现一张有价值的画出来，就在这个将成未成的当儿，及时觉悟！

第一，我们对于我们的事业要有意识。我们的事业，在国内都是创造的，同时件件都具备革命性质，和民生国计是有极密切关系的，所以共事同人，应该先意识这事业性质特殊和责任重大。股东莫把它专当作一个发财机关，同事也不要专当作喰饭工具去看。事业果然成了功，发财吃饭都有在中间，所有一切得失应该都以事业为前提。现在范围小，不觉得有什么影响，如果我们意识明白，抱着这精神前进，将来真有相当的成绩表现出来，我想于全国的新工商业必有良好的结果。

第二，要莫忘记工商业的本性。创办工商业是为达将本求利的目的，如果下了本钱，求不出利来，无论间接于国家社会有多大的贡献，投资的人是不能原谅的，换句话说就是事业绝不能够再发展。事业如果终久不能发展，那就一切皆非，虽具热忱，也是徒劳，甚或还要做后来兴业的罪人。但是要达到将本求利的目的，我们时刻要注意如何节省开支，如何发挥效能，一切劳力和金钱的浪费，能省一分是一分，中国少爷名士的恶习，应该绝对彻底排除。

第三，我们要觉悟我们的识见已经落伍。近年来中国总算乱七八糟到极点了，但是各方面的进步也绝不容漠视，我们平常骂官僚腐败，他们倒有每日工作十二点钟以上的；我们鄙视洋奴买办经营工商业的方法，近来很有极其合理的，不能一概而论。此外就是社会一般对于智识的欲求，更有长足的进步，各书店所出的杂志和小册子，现在动辄销行到三五万份一期，着实可以看出社会的进步。有时听见同事谈到这个问题，都不大搁在眼上，甚至一言之下，就断定它是诲盗诲淫，投其所好的结果。在我所看见的几种杂志和册子，它的内容，说它贫弱那是无可避免的，大体都很尽了一番心力才选择了出来。凡是遇事轻于武断的，就是见识不济的一个证据，我们从前比较的胜利，是因为我们的识见比较优秀的结果：现在我们的识见看过去既追不上社会的进步，我们将来的运命就很得要担心，为公为私，不可不及时觉悟。

总而言之，我们既有光辉的历史在前，绝不难发扬蹈励于后。我们近年为着时局纷乱，阻碍我们的进行，现在总算是历史上陈迹了，以后自然可以一帆风顺。我想设若再努力十五年，我们必能在世界上为祖国争得相当的荣誉，这全仗我们大家觉悟。

（原载1931年1月10日　第3年第28期《海王》）

本团体信条

（一）我们在原则上绝对的相信科学。

（二）我们在事业上积极的发展实业。

（三）我们在行动上宁愿牺牲个人顾全团体。

（四）我们在精神上以能服务社会为最大光荣。

自本刊第六年第十九期发表征集团体信条一文后，同人都感觉得这种提议的重要，相继惠稿者很多，因为当时限期发言的时间太促，所以展限至本期汇齐参订披露。我们先后收到关于团体信条的稿件，职员、工友都有，琳琅满纸，美不胜收，不过，其中有好些是关于个人修养的，有好些是可以统括而列举的，也有过于烦琐，制限太苛的。然而都是"聚精会神""严密思考"的产物，也就是吾们立身行己的指南针，就这一点上看，足见本团体同人，一个个都是向上的、进取的，这是很值得称赞的好现象！

团体信条，第一要提纲挈领，为大家所必循行的路线；第二要简明切实，不宜琐碎，也不能偏于理想。经由联合委员会根据这两个标准，参合来稿的意见，规定上面列举的四条为本团体的信条。这四条自然是平淡无奇，但我们相信，大家能循着这条路线走，那么，本团体的意志当然可以统一起来，本团体的力量当然可以集中起来，而"发展中国实业""服务社会"的目的，一定可以达到。

这四条很简单明了，用不着加以解释，而且因为这个是实际的团体生活规律，发动于团体分子之内，所以相信本团体内各个分子无论工友、职员，一定都乐于遵守，毋庸笔者多说。

（原载1934年9月20日　第7年第1期《海王》）

发展工业之最低限度的努力

中国工业幼稚得可怜，谁都知道。据专家估计，中国地域受近代工业化影响的只十分之一，中国人民与近代工业化接触的还只十分之二，所以在今日中国之急应发展工业，自不待说。然而所谓发展，又不知应从何处下手，才可逐步走上近代工业化的途径。

大凡一种运动，应该有个目标，这目标虽则有大小远近的不同，但是总要把它拿定，然后定个程序，努力向前，以期到达。比方苏俄对工业化程序之主要目标，除根本的为军事国防外，并注重使国家不依赖外国之输入。所以斯大林常说："吾人不能再甘落后，吾人应不仅能制造棉货，而须能制造棉货的机器；不仅能制造汽车，而须能制造汽车的机器；不仅能制造皮鞋，而须能制造皮鞋的机器。"我们中国，也应该是"不能再甘落后"的国家，但我们工业化程序之主要目标应当怎样？这个不能发空议论，只能就我们的财力人力及环境之许可，定一最低限度之目标，以最低限度的努力，务必求其达到。换句话说，目前中国发展工业，在政府未有整个的具体计划之先，办工业的人，只能就最基本最重要的着手，以苦做苦干的方式，慢慢地一步一步把洋货请走，而做到自给自足的地步。

我们很知道，中国要走上工业化的道路，绝不是这么简单容易的事，不过我们就事论事，以为这样脚踏实地地做去，一事有一事的成就，一年有一年的进步，比那些空洞无际的计划或因一时冲动而起的投机，是要好一点。

其次，我们应该明白的，在中国办工业，首先遇到的困难，便是筹集资本，因为中国根本就没有雄厚的资本。近年农村破产，经济枯竭，都市上虽有一部分游资，表现着假的繁荣，但是这些游资，大都投机于公债市场，以获取一时的高利，而没有走上真正生产的途径。我们应该利用这游资，兴办亟待举办的工业，使资本得到正当的发展，这全在事业家和银行家的认识与努力合作。至于说利用外资呢，那简直不是"据说"或"想象"的那么简单，本刊第十期范先生业已说得很明白了。日本人欺负我国，把东北四省拿去，国人就希望日俄开战，俄国把日本打败。自己不能立足做主，不能打起精神做人，只希望不劳而获，世间哪有这样的好事啊！

吸收国内游资举办工业，使资本正当发展，同时使工业渐次振兴，这是工业落后的穷中国的无办法中的办法。但是这其间还有一个主要的成分，这就是"努力苦干"了。办工业的困难，不独资本，还有其他，例如人才、组织，以及外来的压迫和国内的阻障，处处都可以遇到难关，处处都可以讨着苦吃；假如没有苦斗的精神与毅力，失败准在目前，这是经验告诉我们的，不是危言耸听。还有一点，在别的国家办工业，也许有利可图，而独在今日的中国办工业，只能以民族国家的利益为前提，个人的利益，似乎还谈不到，即令要谈，也应该放在次而又次的地位。因为不如此，便办不通，而且也不是目前中国的需要，所谓"以能服务社会为最大光荣"，就在这点。

（原载1935年1月10日　第7年第12期《海王》）

179

永利化学工业公司主办

中国工业服务社缘起

在产业革命以前，各国都和现在的中国差不多，并不重视工业，从当时国民经济上说，工业也不占优势。等到十八世纪中期，英人发明纺纱机器，人们才觉醒过来，知道用机械力代替手工，是可以增高生产力，是于人极有利的，这个启示，果然掀动了产业革命的波澜，从此机器代手工而兴，工业居然构成了近代国民经济和文化的基础。

中国和近代工业接触，远在前清同治初元，不为不早，起初只为外人船坚炮利，抵挡不住，吃着了很大的眼前亏，勉强降以相从。但是智识阶级始终不肯下功夫探究原委，所以时至今日，中国生产经济仍旧胶着在手工时代，国困民穷，文化落后，绝不是没有来由的！

近几年，风气有些改变，知道无谓的拒受，终久不是事，况且受苦的还是自己，幡然改图，不复顾忌。从政府方面说，譬如十六万工人同时动员的导淮水利，已经实行开工了；陇海、粤汉、浙赣几条铁路，都是宣传了多年没有动手的，现在延长的延长，新修的新修，工作非常积极；国营的公用、电力、采矿各种工业，近来办得很认真，而且灵活有效，主持的人，虽说不能个个都是贤才，其中确有特殊人物，学术品行都绝不在工业先进国同级人物之下，专心致志为中国工业建设努力，和从前为谋"终身富贵功名"才"仿制外洋利器"的观念完全两样。民间风气也很有进步：从前金融界视工业放款为畏途，近来居然有巨额资金，投到内地工业建设了；青年学生向来把做官当作求学的最终目的，近来这祖传的虚荣，渐渐淡薄起来，许多青年人情愿进工厂吃苦，也不去官场谋生，这确是一种觉悟；中国是自有文化的国家，有它的特长，所以国人对于机械技术素不重视，近来竟有人敢说"中国将来的运命，只有工程师才能开拓"的话，真叫我们惊叹！中国学术研究机关和工业实施，向来各不相谋，现在居然都提倡合作了，大有欧洲产业革命初期的光景，这个转变将来在中国产业史上，是值得特笔大书的。诸如此类，虽说是穷极则变的当然归趋，我们所以重视，比较认为满意，是由这些事实可以推定国中至少有一部分人，对于近代工业建设，已经有了正确的认识，而且立下决心正在实行，这种新趋向的确是相当宝贵的。

进一步说，这个新趋向，如其国人能够群策群力把持得住，因势利导，未尝不是改造中国国民经济和文化的起点。不幸中国刚在改变初期恰好遇着世界经济恐慌，中国自己还有特殊的天灾外患，不说新的工业建设愈加困难，就是辛苦缔造的已成工业，近来都一个个不能支持了。物质上所受着莫大的损失，还可徐图补救，最难堪的，国民的自信力也因此不免愈加消沉，智识分子过度悲观，把理智完全丢掉，他们公然宣言"中国人不适于经营近代工业"，反转过来憧憬手工业的繁荣，觉得手工业最合中国国情。其实手工业如其真能够不被淘汰的话，何至国货消灭到形影不留，中国名实都变成了外货的尾闾。他们决不怀疑，现在这样不健全的幻想，居然博得一部分人的同情，使社会对于工业建设发生顾虑，刚刚有一线光明的新趋向，忽然再暗淡起来，这确是一种危机。

每年几万万的入超，绝不是生银抽税，或是敷衍门面的手段就能补偿的。中国工业难办，谁也知道，但是舍此再没有路走，越怀疑，越取巧，将来受的苦痛越深，临到最后，自己把办工业的资格完全丧失，广土众民沦为共管之后，人家还得驱使我们办，这是显而易见的。现在我们还要深一层了解：第一，莫以为有了政府或是少数人热心办工业就够。第二，莫以为中国的工业就是后于人家一步，也不关紧要；须知目前的国民经济危机，是民族存亡的问题，非全国动员，直接间接朝着工业生产死干，并且一鼓作气赶上前去，绝对是无济于事的，已经落后的人，再没有优游闲暇的余裕了！十年来苏俄在世界国际地位的转变，它是用什么力量，是如何干出来的，还待多说吗？有心复兴中国的，还能够坐视吗？

近代工业不论范围大小都要有相当的组织和准备，才能够举办。中国今日还在手工业和机械工业交替的时期，要想各个工业都有完善的组织和充分的准备，才去动手办，这当然是做不到的，因此就须得有国家的保护和社会的扶助。国家的保护，自有为政者主持；我们只就社会立场尽一番力，想组织一个机关，帮助中国工业建设。凡未办的工业，如其有人想办，我们鼓励他着手办起来；已办未成的工业，遇着有什么为难，推行不动，我们量力帮助他使他前进。我们是个中人，饱尝办工业的况味，惺惺相惜的情绪比较浓厚，觉得国里有这样一个机关，多少于工业建设有些益处。现在既还没有人举办，决定先就永利化学工业公司的基础试办起来，做个向导，定名为"中国工业服务社"，由公司聘任专员办理社务。永利是承国家社会扶持出来的，以情理而论这也是应尽的义务。我们以服务为宗旨，所以决不计较利益，但愿这小小企图，能够恢宏工业同志的勇气，倍加奋励，克胜目前的危机，进而于中国国民经济和文化的改造有些许裨益，这就是创立本社的志愿，也就是本社的使命。事属创举，我们同人能力有限，切望各方同志，多予指教和助力！

（原载1935年3月10日　第7年第18期《海王》）

七七事变的灾难

郭炳瑜

一九三一年我在国立北平大学毕业，塘沽永利制碱公司与学校去函，招考我们应用化学系学生。我和另一同学汪慰祖报了名，与天津北洋大学、河北工业学院、上海同济大学等报考的人，一同来塘沽碱厂应考。侯德榜总工程师出题，内容是热力学第二定律、商用化学名称的组成、苏尔维制碱法的流程，以及完成一些化学方程式等。由厂长傅尔郊监场。当我得到了录取通知后，告别北平来到塘沽。

一九三一年夏我来到塘沽永利碱厂后，先到公事房办理入厂手续，被安排在北楼后的单身宿舍居住。

一九三五年十一月，日本帝国主义嗾使汉奸殷汝耕，在河北省通县成立了"冀东防共自治政府"。塘沽当时属河北省宁河县，也属于冀东范围。从此塘沽的日本洋行、酒馆以及形形色色的日本人不断增多。中国吸食日本进口毒品者也多起来。塘沽日军借口清查抗日分子，不时进碱厂搜查。每天有许多日本兵车，由东北开往天津方面。长长的列车上罩苫布，车尾都架有高射枪炮。日本军舰也开来塘沽停泊，事态在恶化。我们的眷属自行设法疏散，我的妻子带着儿女，搭乘汽车回娘家去了。工厂为防空袭，在南北楼中间以厚钢板及碱袋筑成防空洞。时局越来越紧张，高级职员有的不声不响地离开了工厂。铁路交通截断，原料不能进来，产品无法运出。一九三七年七月七日，日军发动卢沟桥事变的消息传来，七月二十九日和三十日，北平、天津相继陷落。不久，停泊在塘沽日本大院海河边的军舰，在房顶执旗人指挥下，向海河对岸的东西沽发射炮弹，远望大沽造船厂的烟囱，瞬即被打倒。情况危急，永利无法开办下去，在天津的总公司电令碱厂全部人员撤退，职工四散。当时我们正在制造部上班，不拟堵塔，乃将南北楼各塔器及灰窑按正规程序停下来。就这样，于八月上旬被迫停工。此时去天津的铁路交通已断，我们只有乘海河的小火轮到达天津法租界永利化学工业公司待命。在轮船上看到河边芦苇地里漂浮着不少被打死的冀东防共自治政府黑衣警察兵。

一九三七年"七七"事变爆发时，正是"永久黄"团体的事业蒸蒸日上的时候。这时碱厂有工人一千多人，职员一百多人，其中老的技术员都具有二十年的制碱经验，新进来的技术员也都是阵容整齐的大学毕业生，他们用旧的机器设备，制出比进口还强得多的产品。在一九三六年产碱量达到了五万五千四百一十吨，烧碱年产四千四百四十六吨，是建厂以来的最高纪录。日本侵略者入侵，不仅给永利碱厂带来灾难，而且范旭东创办的其他几个企业，都遭到了毁灭性打击。天津塘沽沦陷，永利碱厂领导人为保全民族气节，一致抱定"宁为玉碎，不为瓦全"的决心，毅然退出工厂，来到天津总管理处。当时范旭东准备跟着国家长期抗战，对碱厂作出全面安排后，离天津南下绕道到了香港。日本人找他要买下永利，范说"我厂子不卖，你要就拿去好了"。范在香港遥控华北业务，但日军部控制下的兴中株式会社，不断来到天津永利总管理处，要求与永利碱厂合作，遭到当时永利总处负责人李烛尘的严词拒绝，日军便对碱厂进行占领。天津永利总管理处不久迁往香港办公。

（原载中国文史出版社《化工先导范旭东》，有删节）

工业的成败影响于抗战建国

抗战建国，是我同胞一个最难的课题，我们在悲壮情绪之下，拢着万分热情，欣然接受。我们看得明白，抗战只是抗日，因为当前对中国土地政权有野心的只有日本，经过一年血战，我们已经有把握，最后胜利必属于我，毫无疑义。以言建国，固然万绪千头，简单明了，就是使中国脱离目前的穷困，日跻富强。这个比较时间要得长，必得从容布置，方方面面不断的努力，才能收效。我相信：广土众民、原料具备的中国，只要大众觉醒，切实去做，也没有十分难处。

近代工业在中国，自曾左时代初发萌芽，于兹将近一百年，到清末民初，官办工业已经不限定制造军备，渐渐推广到经济生产。当时民间事业，北方的周缉之先生，在唐山、天津一带非常活跃。南方的张季直先生，在科举肆毒那种环境之下，他举办的工业，居然顾虑到原料与制造的调和，运输、推销兼筹并重，确是特色。国民政府成立，中国工业建设气象一新，中央有独立部会，各负专责进行，为时虽暂，已经有相当成绩。地方政府也极热心，其中以广东、山西为最，广东省政府对工业的投资，不下一万万元，气魄可谓雄厚；民营工业更是稳健，从多方面迈进。一般风气，近三五年，也比从前开通。金融界对于工业投资，渐感兴趣；劳资纠纷，是工业界最头痛的问题，近来件数也日见减少。大体看过去，总算都可乐观，但是不能说中国工业已经上了正轨。

中国是世界古国之一，文物灿然，绵延到几千年，谁也不相信中国自古以来，没有一本技艺家自述的著作，这个不仅古代没有，现代也还是一样。比方，采矿冶金专家王宠佑先生关于炼锑；化学工程师侯德榜先生关于制碱，两种世界名著，他们的材料，确是从中国实地磨炼得来，却都是用英文记述。他们并不是不爱国，也决不是好炫奇，实在因为中文不容易说得透彻，太费力。这里，我们可以得到一个结论，就是在中国要文字和技术兼长，是件难事，更可推想到，以文字为本位文化的中国，不容易识透近代科学和以科学为基础的工业。有了这个根本原因，过去将近一百年，近代工业在中国，政府和人民可说全还拿文字头脑和它接近，所以各是其是，各非其非，并没有看得透彻，从何说起已上正轨？这一点，看起来很不值什么，个人却切望全国同胞严切注意，否则要影响建国大业的。

全国同胞必得对于近代工业再认识一番，在再认识之下，朝野一致努力，确定今后中国工业的进行路线。具体说：首先请政府放宽眼界，立下决心，先尽自己应尽的责任。譬如大规模奖进科学研究，训练工业技术员工，勘查各省工业资源，废除阻碍工业进展之税捐，如转口税、原料税等。树立工业基础，我们必得理解，近代工业有今日的繁盛，是积三百多年科学研究结果而来，我们如其要移植中国，这段历史不可抹杀。法国有巴斯德酵菌研究成功，不怕赔款无着；德皇敢于和世界为敌，哈柏的氮气工业与有力焉。不能说学术研究无补于抗战建国。

其次，中国百年来历代政府当局，只要不漠视工业，就要自己动手办工业，这个也得考虑。如其为国防重要，必得官办，现在除开苏俄，国家资本主义是另一问题。没有一国不是寓兵于工，平时是民间生产事业，战时改造军需。中国人才物力百不如人，偏偏不切实这样打算，未免矛盾。如其怕人民程度不够，做不好，或怕人民得了好处自私，不敢放手，我觉得这个教导指正的责任还在政府，不必因此和百姓分家，各行其是。因为官营这个风气太盛，于民心向背，不无影响，施政当局或者不容易感觉到。况官营工业，历来没有好成绩，不一定是当事人不道德，总有一个使它失败的理由，也必得反省。我是民业中人，一向深受国家社会扶持，在个人丝毫没有不平，也并不受官业影响。但是从建国大局着想，总觉得不安，希望政府对于这个政策，迟早把它改过来；至少也要明定界限，择办一两件，譬如，钢铁厂之类，倾全力为之。这次中国不幸，已成的工业，十九被毁坏或占据，如其能够利用这悲切的遭遇，把过去种种设施严重清算一番，从头做过，未尝不是个机会。

抗战建国的代价，可谓绝对悲壮，工业的成败，绝对影响于抗战建国。在今日生死关头，吐露个人一得之见，只求于抗战建国有些许贡献，还请国人指教。

（原载1938年8月7日　第11年第4期《海王》）

同侵略者再拼三年

敌人火样的躁急，全面抗战这幕悲剧，终归逼上台了，今天足足满了三年。从甲午到现在，敌人的作风，一向是先放赖，后动兵。"七七"以前，在津沽一带走私贩毒，尽量放赖；一面增兵，人数越来越多，牌子越来越杂，所谓驻屯军、关东军、联络部队、特务机关，各式各样，各有各的心眼，各有各的目标，今天一个花样，明天一套戏法。中国军政当局忍辱负重，给他闹得头昏眼花，无所适从，无聊的是他本国驻华的文官，如大使馆员和领事官之类，也都哭笑不得。究其实，公开的要求不过是一回事，要紧的是趁火打劫。记得当时驻扎塘沽小小的一个曹长，就很够威武的，绑人勒赎，开白面馆，设土娼窑子，无所不为，比他更大的官，就不用说了。大热天我实在烦得发昏，卢沟桥一声炮响，好像万斛冷水从头上浇了下来，顿时清醒了，咒诅这下流无赖的民族，绝不配亡中国。满怀悲愤，暂别了二十多年的第二故乡，七月十九日晚上，搭平沪特快南下，参与庐山谈话会。

现在三年了，日阀焦虑的"事变"丝毫没有解决，反过来，快要给"事变"解决他自己了，无怪他徘徊无措。从前动不动来一回提灯游行，在大街上喊喊万岁，此曲似乎久已不弹矣，或者糊提灯的纸张，也被"国策"牺牲了。日本国民性极端肤浅，极不相干的事一到日本人手里，他们非得装腔作调，不算过瘾。平常家庭之间，男人永世是很神气的，太太一味顺从，不敢妄想自己还有灵性，假如男人和她说，撞到例外，小猫或许会长角，她听了只是设想那例外是什么光景，决不疑有他。小学教员是个清高职务，在日本如其一个是公立小学教员，一个是私立的，这位公立小学的教员，自视一定比他要高一点，谈吐之间多少带点官味，真够滑稽的。这样空虚的国民性，不知道是幸，还是不幸！几次对外战争，都给他捡了便宜，这一下，更是空虚加了三级，自以为大和民族，是天生成的尤物，比人家都高，逢人就想压倒下去。"八弦一宇"是什么玩意儿，我们听了肉麻，空虚性成的日人不求甚解，迷迷糊糊，憧憬那种况味；无耻的文人，极力从烂字篓里找出典故来，替它做注脚，麻醉民众，好叫他拼命，好从血汗里绞出钱来，给军阀挥霍，拿到中国来包庇浪人，无恶不作，撩天大祸就这样闯出来的，没有比这个再深的来由，越闯越大，掉在泥坑里越深。日本军阀，并没想到肤浅的理论，是不会成的，所以他们决不会悔祸。日本有句俗话"吃毒要和杯子吞"，这正是抗战三年后，日阀心境写真。受难的我们除非咬紧牙关，和他再拼三年，没有第二条路走。

我们正受着历史上空前的磨折，在这个生死关头，各人必须站在自己的岗位加紧工作。血战三年，中国军人已经尽了他们最大的任务，国家靠他们保全。可惜后方各界的工作，还配合不上，反攻大计，至今未能实现，这是最叫人寒心的！抗战踏进了第四年，今后的困难必然更多，我们要严厉反省，须知这一次如其再放过敌人，让他成功，反动过来的结果，是不堪言状的！并且如其中国抗战失败，人间正义也要荡然无存，这种责任何等重大，岂能放弃？退一步从各个人的利害说，亡国之后，无论一己如何乖巧，如何善于自谋，只要哪天不得主子欢心，马上就要大祸临头。犹太人贡献德国的文化、技艺、资财，不能算小，结果，以爱因斯坦那样伟大学者、哈柏那样在军工和经济上的完成，一个个都被希特勒赶走了，不如他们的，更是死无葬身之所。这样活生生的实例，我们不应熟视无睹。中国对外作战，不止一次，从前南方有事，北方不理；等到北方被蹂躏，南方一样作壁上观。"九一八"那种惨祸，稍有血气之伦，谁能忍受？平津痛痒相关，竟相安无事，只望莫牵涉到关里来。等到北五省又动摇了，长江的同胞，一听见事件可以地方化，大家私相告语，以为可以苟安了，冷静多日的金融市场，立刻又活动起来，国家观念这样薄弱，敌人看得再透彻不过，所以他肆无忌惮。"七七"以来，同仇敌忾情绪，充满全国，川康乡下的老百姓，都知道这回打仗和以前不同，他们叫作"国战"，热烈的主张要打到底，民气是足够用了，只看全国知识分子如何善用。社会也确有真心爱国的人，而且不在少数，但是一般性惯，还要改良，遇事只顾批评，不爱动手，非得政府聘任，或是社会抬举，从不挺身出来担负丝毫责任，抱怨用武无地，自己宽恕自己。这些先生们，十九是曾受国家好处中年以上的优秀分子，足够引导群众的，实在可惜，应该站在一个老百姓地位，多少做点有益抗战的工作，不当自弃。近代战争，取决于双方全民力量的总和，这一点，中国最有把握，只要大家反省过来，绝对轻而易举，而且有效。

国际形势变化得这般激烈，自力更生这个信念，今后必须格外加强。当前的要务，就是开发资源，使中国火器充实，完全自给，这个问题牵涉的范围极宽，必得各界有力人士都聚拢起来，群策群力才能成功。有人以为这类关于物界的工作，只有工业技术家才担负得起，外行纵然肯卖气力，也没有用处。比方靠文笔过活的所谓文化人，或是中小学教员，或是音乐美术专家，他们和工业技术素昧平生用力也等于白费。其实这个观念是一大错误，看窄了近代工业的范围，试使文人能够从文字上，对于资源开发这类问题，特别加番鼓励，引起民众的兴趣，这工作是每一个工程师求之不得的。他们为民众不理解所受的磨折实在太多，中小学生是中国未来的生产军，中小学虽不能教专门技术，但是必当培植学生关于生产事业的意识，这责任绝不算小。音乐美术是人生崇高的艺术，工业人习性苦劳，自乐其乐，本业以外可说毫无寄托。在我来看，无论中外的工业人，越是专门技艺高深的，在人生意义上，留下来未尽的兴趣越多；如其有机会接触音乐美术，受番陶冶，使多数工业人能尽其兴，他们在物界的成就想必更伟大，不能说物界问题和美术音乐生不起关系。中国古人提倡学问要渊博，他说："一事不知，儒者之耻。"这个至今还是理想。知识分子除开自己的专门，简直不愿求知，时至今日，还以为工业只是社会一部分人的生活工具，囿于"劳力者治于人"的成见，不肯下身段从事工业，这无怪中国的工业，至今还没有学术基础。洋奴市侩，只顾发财，拿洋货改头换面当作本厂出品，欺骗世人。抗战军兴，海口被封，欧美洋货输入杜绝，所谓国货也者，尽有暗暗利用敌厂半制品来改造的，真不成话，太令人伤心。这三年惨酷的果报，应当警醒，我们必得倾全力开发资源，才能抗战，才能建国。我主张政府要拿出建军的气力和决心来建工，开发资源，这个国家生命攸关的要求，才不致旷日持久不能成功。

中国只一个敌人，我们建工要拿他做目标，不赶上他的工业，和他对抗，完全要拿血肉和机械搏斗，未免太便宜了他。日本的工业，是由困学而来，他们的天分不高，没有很大创造能力，气魄尤其小得可怜。办工业需要小心谨慎，锱铢必较，自不待言，在开创的时期，也必得大气磅礴，才展布得开。日本现在工厂的家数，不算很少，产品的种类也有相当之多，但是杂然并列，各私其私，既谈不到国策，也没有一定轨范。前次欧战，有许多工业，也本可利用机会独立的，因为同业互相倾轧，资本家又都有政治背景，政府也只得听他。最后发大财的虽不乏其人，国策所关的基本工业，可说一无成就。中国工业不如他，中国人是困而不学，就气魄一点而言，要比日本人高超得多，如其发动，将来进步一定很快的。日本人也自认不长于创造，但是很以"善于模仿"自豪，的确，日本自古以来，文物制度衣食住行，无一件是他自己创造的，总算还有自知之明；我们既然决定要赶上他，不妨对于他的模仿力，加番检讨。机械冶金工业，号称工业之母，可想见它的重要性。这类工业，日本到现在并不能独立，中下级的的确是比中国发达得多，稍微高级的也和我们一样，要从欧美输入。有一次他托美国一个工厂定造了一副机器，偶然中国厂家也正在请教，知道和他要用的是一样，即刻托那家照样再造了一座，结果省了一笔绘图费，凭空得了一点小便宜，所谓工业先进，程度也不过如此。比较高深的工业技术，更是七拼八凑的，完全要请教。譬如合成"安摩尼亚"这个工业，是国防和农工生产都有密切关系的，野心勃勃的日本，自然不甘向隅。德国在前次欧战开始的时光，首先成功这个工业，异常秘密。巴黎媾和，所谓战胜国，强制地教他公开出来，各国技术家得了这个启示，拿回去稍加改造，都自称是本国发明的。日本人既没有资格参加巴黎和会，自然得不到消息，只好不惜工本，从各国连图样和机器一个一个买来。现在日本全国连朝鲜和中国的东四省在内一共十四个厂，用了七种方法，每年号称可制硫酸铔二百万吨，"跃进的日本"动辄拿这个做幌子，善于模仿的里面，花了这么多的代价，这是值得我们关心的，中国难道这也不行吗？我敢说拿日本做目标来建工，绝对没有难处，不过总要大家一起动手。比方花钱到外国去买图样、定造机器，中国工业人都优为之，如其资本家不高抬贵手，尽管工人垂涎三尺，也是枉然，只好让日本吹大气，鼓破他的肚皮。

三年抗战，真叫人兴奋，当国家存亡危急之秋，一个国民，能够多少尽一份力，眼见着复兴的曙光，一刻一刻鲜明，这是何等痛快。在欧洲十天半个月亡掉一个国家，我们抗战三年，还越打越强，这个并不是日本兵弱，确是中国强，从前给他占了便宜，只是后方的工作没有配合得上的缘故，我们要坚决自信。想到这点，我同胞三年来所受的苦痛，应该一笔勾销。首先要拜谢我们的祖先，遗下这么宽大一片江山，让他们从从容容和敌人对抗，同时对于我们劳苦功高的最高统帅和前线英勇杀敌的将士，表示无限的崇敬！

大势鞭策吾人　担负更重之任务

——敬告公司同人

迁徙流离，于今三十个月。在华西之复兴计划，只碱厂已开始建造。将近一年，因交通梗阻，进步不如预期之敏速。钡、焦两厂之筹备，费时年余，最近始粗告段落。前途万难，今方发轫，亟愿与吾同人一商榷之。

本公司民六创办碱厂，目的在为中国树立基本化工。当时风气未开，处势孤危，在技术、财政、人事各方面受尽折磨，垂十余年始告成功。喘息未遑，复于民国二十二年冬季，再负建立硫酸钡厂之重任。其时中外合办之局，朝野酝酿已久，外商代表到沪，坐待签字实行。公司因念国防所关，非寻常盈利事业可比，呈请当局，主张谢却外商请求，由公司筹资自办，幸蒙嘉纳，力微任重非不自知，情势不克自禁也。"七七"事变，乃吾民族兴废之关键，吾人凛然大义所在，绝未以二十余年心血所注、几千万资财所积之事业，稍敢移易心志，毅然拒绝任何非法妥协，撑持到最后关头，南北两厂皆与国军同时撤退。自是而后，资产荡然，久经患难之员工，不得不遽尔星散。有心同胞，对兹悲壮之遭遇，辄予深厚同情，间亦有斤斤于目前之得失而漫事讥评者。吾人动作，只为行乎心之所安，初非要誉于当世，尤无私见存于其间，天下后世，自有公论，固不必计较于一时也。以云牺牲，虽不若前线英勇将士与沦陷区遭难同胞之深刻，然环顾四境，自问尚无愧色，是则于丧亡之余，稍堪自慰者，谅吾同人，必具同感。

大势鞭策吾人，担负更重之任务，碱厂之外，必须将钰、焦两厂同时建造。今非昔比，举措綦难，论时期，则在久战期间，公私交困，疲敝已达极点；论交通，则蠹丛蜀道，难如登天；论资金，则为数有限而得来匪易，以供正用，尚虞不敷，而战时意外耗费，无一可邀幸免。例如，外汇之巨额赔累、物价、运费高涨之莫大损失，皆得负担。况内地创办大规模工业，现方开始，资源未辟，条件未备，恶疫终年不绝，治安亦多缺陷，置身其间，时感胁威，遑论安居乐业、从事长期之建造工作耶？但今日非吾人畏葸不前之时，有力者必须出力，坐言起行，不当囿于成败之见，自甘败退。

欲成一业，端赖共事之人一德一心，任劳任怨，绝无侥幸成功之理。在过去，我们同人曾经千锤百炼，始赢得今日些许之成就。现在半壁江山惨遭蹂躏，国人于水深火热之中，犹念念不忘国防基本工业之建设，其期望吾辈出来多负责任之心情，尤特致其深切，其原因亦不外此，恶可妄自菲薄？但吾人必当醒悟者：即今日中国从事工业之人，不论为资为劳，双方有一共同前提，须彻底认识，即现时中国需要工业，是为救国，不是为个人争名夺利。数十年来，我整个民族之生活基础，已被外来工业残摧殆尽，外寇侵凌，仅余同胞之血肉可资抵御，不先国后私，终久不能达到为私目的。天下滔滔，人各有志，吾人不敢奢望全国各个理解，各个实践躬行，至少希望本公司同人不要忽视，始能共肩今后之重任。近年公司事业渐见扩大，同事众多，只以干部之领导未能与日俱进，致内部之团结远不如当年之坚固，门户之见，是非之争，辄有所闻，衰败之象，业已兆端，至堪忧虑。最后我们应当注意者，即本公司之事业，乃国防性质之基本化工，规模宏大，包括部门至广，世论辄主国营，极少例外。公司以历史关系，谬承各方信任，尚得维持民营组织，巨万资金悉由民间集股，或向银行息借而来，政府协助高出寻常，论者叹为异数，感奋之余，辄自危惧。投资之股东与债权人，虽激于公谊，不汲汲于目前利得之多寡，但投资立场不外"将本求利"，彼等应得之利有着，自可听凭吾辈设施。如其因工程困难，旷日持久不见成功，势必因疑虑而灰心，因灰心而生厌倦。到此地步，吾人虽不惜粉身碎骨从事，求其合作，恐亦不易再邀曲谅，终至功亏一篑，在所不免，往迹昭然，更仆难数。吾辈必当于事前预料到将来之危机，慎始敬终，庶几不至重蹈前人之覆辙。为应事势急需，特将公司办事机构加以修改，职务重新配置，权责务求分明。在可能范围，并将同人薪金稍加调整，聊补目前生活费高涨之不足，俾能安心工作，行当逐渐公布。如同人中对此次华西之创局，有虑其危险性特大，不愿轻易尝试者；或虽感兴趣而认公司待遇不周，或同事相互间意志未能尽合，难期长期共同奋斗者，无妨在改组之初坦白相示，俾有纠正之机会。

战事推移，不可究极，现在姑以三年为期，完成此番新负之任务，不论战事或进或停，其间必有无限辛酸逼人忍受，绝无疑义。吾辈所能贡献于抗战建国者，只各人一点薄技，切望莫为物胜，群策群力发挥出来，人人以效死疆场之心为心，天下绝无失败之理，吾人必当坚决自信。

总经理　范锐谨告

民国二十九年元旦

公私合营永利久大化学工业公司历史档卷（永利案卷顺序号29）

抗战中兴建华西化工基地

郭炳瑜

永利碱厂、铔厂先后沦陷,范旭东立志在华西为中国再创立一个化工中心。经过调查研究决定,因四川有盐,制碱工业设在四川;湖南化工原料比较丰富,可设硫酸铔厂。碱厂厂址选定在四川省犍为县岷江畔五通桥的老龙坝。为纪念"永久黄"团体在塘沽的事业,将老龙坝改名为"新塘沽",深刻在厂门前左侧巨石之上。由于日军推进,战事紧急,湖南建厂无望,遂拟将硫酸铔厂也设在四川"新塘沽"。

永利有丰富的制碱经验,但四川生产的是井盐,价格昂贵,考虑到以后的成本和销路,最好是搞出一种新法制碱。为此,范旭东和侯德榜出国寻求制碱新法并采购机器设备。由汉口西去四川的员工,在川厂建造厂房。老龙坝面临岷江,坝北端有一道士观,有戏楼及两栋楼房,厂部办公室设于此。员工们把山丘地削平,切取条石,造成蓄水池,命名为"百亩湖"。在西侧山顶建"开化楼",山腰建"进步楼",供设计人员工作及住宿之用。经过紧张的施工,最后在荒芜的山区建成永利川厂,计有碱厂、炼油厂、翻砂厂、机械厂、陶瓷厂、土木工程处、煤矿、六百千瓦发电厂、侯氏制碱法试验厂及深井工程处十个单位。

在百亩湖西侧为沿湖马路，傍路为山，沿新修的山路，建有一座座的玲珑双层楼小住宅。分配给我一幢三间地板楼房，壁炉厨厕齐全。

永利在四川复兴基本化学工业，当时的国民政府，虽允许贷款二千万元，但迟到一九三九年十二月三十日才定了合同。最大的困难是运输问题。在美国购买的碱厂器材，运往四川，有两条路可走：一是经滇越铁路，从越南海防直达昆明；二是用火车，从海防到同登，再用汽车接运，经广西、贵州到四川重庆。一九四〇年法国在越南崩溃，永利未运出的机件还约有五百吨，被日军拦截而去。

这样永利进口的器材只好改道由缅甸内运，路程更长，路线更崎岖难行。用通常的办法，是行不通的，官办的运输机构，更难为永利服务。在此情况下，范旭东从美国购置福特牌载重汽车二百辆，自办运输，又转赴仰光，从事运输准备。一九四一年秋季，太平洋战争爆发，范被围困香港，直到一九四三年三月才绕道回至重庆。这时仰光也已失守，范又赶去料理残局。永利器材，经过大家冒着千难万险抢运，再过两星期，即可圆满结束，然而出人意外，战局急转直下，日军进入缅甸，抢劫破坏了滇缅西路沿途的车辆器材。在全线运输站的永利员工，历尽千辛万苦，最后还是功亏一篑，大家相对唏嘘，感慨不已！

永利川厂经济十分困窘，百般筹措，并生产路布兰法纯碱，开煤矿，做玻璃和耐火砖，炼油，开动电厂售电，制除虫菊蚊香等，维持同人生活，不使分散，以保存这"永久黄"团体的技术力量。在困难时期，我们每人每月只发给白米三斗，还给一点零花钱，即三口人一块银圆。

侯德榜一九四〇年在美国开始了新法制碱的研究。国内也成立了相应的研究试验机构，由郭锡彤负责主持。当时的仪器和药品十分缺乏，经过深入探求，分析了两千多种样品，做了五百次循环试验，终于宣告成功。

一九四一年三月十六日，范旭东总经理到达川厂，集会宣布，决定将新的制碱方法，命名为"侯氏制碱法"，以纪念这个杰出的中国制碱专家。中国化学会于一九四三年十二月二十日在四川省五通桥开会，将这一新制碱法与学术界见面。

一九四八年四月二十二日，为此新法制碱向中国经济部奖励工业技术审查委员会呈请发明专利，经批准给予十年。

在塘沽沦陷后，我奉命撤退，停薪留职，回到为日本占领的北平家中。在家常常接到四川建厂信息，约我前去。当时妻儿在乡村避难，我在北平辞别了兄嫂、母亲，只身上路。先到天津，买到去香港的英国轮船公司的客票。在香港受到永利总公司人的接待，然后乘船到广州，再转乘火车北去武汉，在武昌，乘轮渡到达汉口，在永利公司华中办事处见到了一些同事，然后离汉口西去宜昌。这里也有永利公司办事处代为买票去川。但由于逃难或去四川的人太多，购买船票极为不易，办事处人员想方设法，买到了"同心"军舰的"黄鱼票"。旅客们上船后被藏在舰内存米仓中，躲避有关方面的检查。军舰走私运客，在那时是很平常的事。

永利化学工业公司华西办事处，设在繁华地区保安路，原塘沽碱厂厂长傅尔邺（冰芝）在此负责接待陆续前来四川的同人。

我辗转来到西南永利，初无合适工作，被借到一个由河南省迁川的化学兵工厂。该厂专制防毒面具、侦毒纸、活性炭、硫酸、硝酸、电解食盐、烧碱等。后来永利川厂为了钻取制碱主要原料浓盐卤水，成立了深井工程处。深井处负责人佟翕然，函电频频请我返厂。我辞去原委任的二级技术员工作，乘轮船经泸州、宜宾、乐山到达五通桥老龙坝永利川厂。

永利公司决定在川厂建造一座新法碱厂，日产五百吨，首先要自备原料用盐，选定川康盐务管理局所管辖的键乐盐场。在距川厂十华里杨柳湾吟峨寺附近，成立永利川厂深井工程处，聘请美国人韩孟德来华，用由美订购的机件，快速钻凿深井，公司派佟翕然、郭炳瑜、林仲藩随同一起工作。深井处院内南面建有草顶办公室及宿舍，北面建有仓库，东面山丘，设有锅炉房、发电机及井台，西侧面临乐山至五通桥公路，全区以竹篱笆围绕，工人家属宿舍建在外边。外国人吃住生活都在草顶宿舍内。打井位置由地质学家选定。在那时全国大学只有二百余人学习地质，与国外对比，太可怜了。

我们三个人紧跟那个美国钻师司钻，汗流浃背，油污满面，毫不示弱地抢起八磅大锤，在焦炭炉旁锤修钻头、淬火，并犹如猴子一般爬上高空井架。我们跟着洋人，用新的快速法钻穿不同深度的各种砂石砾层，取出地面，收样后放走。在钻井进行中，所用的无缝套管、钻管、钢丝绳都是外国进口。韩孟德的三年合同满期回国，永利公司又请一个美国打井师赫尔（S.Hall），这个人因在殖民地缅甸仁安羌油田干了多年，来到了四川竟抱怨四川除了人就是粪（马路上时常看见农民们挑粪施肥），要求有马骑，要求打猎，脾气很大，百般不如意，结果一无成就，只好解除合同。其后，又与韩孟德续订合同，于一九四七年十二月二十九日由我主持重新开工，先后发现二十三度（卜梅）浓盐卤、天然气及石油向天喷出。这时井深已打至三千九百六十九英尺。永利公司又选定第二井基，与一井相距约三里，计划更深地钻下去，以期有新的发现。为此，侯德榜派韩孟德回美国订购可打七千英尺的旋转式钻机等。后以解放战争神速向西南推进，美国对华禁运，只将七千型钻机运到塘沽新港，其他所需的全部无缝钻管、套管等一概禁运。韩孟德合同一九四九年底满期不能来我国。永利发现的石油，经取样化验，品质优良，但行政院资源委员会竟通过四川省政府行文永利，令其封井，不许民间经营。当时永利的主要负责人之一李烛尘在重庆《大公报》上写文章，予以驳斥。

在永利川厂深井工程处打完一井后，调我去厂部支援路布兰法制碱，于一九四四年又前往西康省洪雅县生产制碱原料芒硝。这时，经济部在重庆招考赴美工矿实习人员，我报考了化工系，搭乘木船经宜宾，转乘四川唯一的民生公司轮船直航重庆赴考。我与永利公司的张燕刚、谢光巨、刘嘉树、刘福远、章维中、赵博泉等人同时被录取。由重庆乘飞机经印度加尔各答，登上美国战舰向西南行驶。在印度洋上，我们有位同学因早患疟疾，途中恶化，竟死在船上，举行了海葬。到达美国诺福克港时，即有中国资源委员会和美国国际培训管理局（I.T.A.）人员接待我们，用大轿车送我们去首都华盛顿。我在华盛顿大学学习一段时期，即由美国国际培训局介绍到满山都化学厂学习硫酸制造，后又学习电解食盐制氯及烧碱，规定我们要按期写出学习心得报告寄去。后又去密芝干省奥泽克兵工厂学习合成氨。告一段落后，在纽约的侯德榜博士指示我去南部油田，经他取得美国国际培训局同意，到联合石油公司井区学习打井技术。

一九四五年八月，在美国工矿实习期满，回国之前，行政院资源委员会拉我们永利的人到国营厂去，但我们决定仍回永利。

我们在旧金山登上总统号客轮，经太平洋回国，抵达上海。永利化学工业公司派我到南京铔厂工作。一九四七年又奉侯德榜命回到永利川厂。这时川厂在艰苦情况下，已有下列产品行销：（1）路布兰法纯碱，"超"字产品含Na_2CO_3达98%；（2）炼油部出产代汽油、煤油、柴油、沥青；（3）鼎锅山煤矿的烟煤；（4）其他产品有耐火砖、玻璃、瓷器和蚊香等。本来除用侯氏制碱法日产纯碱、氯化铵五千吨外，还要以天然气为原料，筹建氮肥硫铵和硝铵工厂。永利川厂要师法塘沽碱厂的成功经验，建造华西化学工业基地。

（原载中国文史出版社《化工先导范旭东》，有删节）

样样都要从头做起

1. 建设久大川厂

"七七"事变之后，范氏即预见抗日战争不是短期能结束的，于是往返于上海、南京之间，积极为应付时局突变做好准备。他采取的一个重要措施，就是派李烛尘率领杨于南、唐汉三等人进入四川，为筹设久大、永利川厂做准备工作。

津沽沦陷之后，蒋介石为了应付舆论，收买人心，曾召见南开大学校长张伯苓、天津大公报社长胡霖及久大、永利两个企业的负责人范旭东等，对他们在天津和塘沽所办事业遭到损失表示"慰问"，并许诺拨出若干经费协助他们到大后方重建自己的事业。范氏代表久大、永利接受了政府拨款一百万元，作为在四川建厂的部分资金。

李烛尘等到达四川后，在重庆市设立久大、永利两公司华西办事处，接待两公司陆续到川人员；并选定四川腹地的自流井和犍为县境内五通桥盐区附近的老龙坝，作为两厂建厂基地。自流井与毗连的自贡井是川省井盐丰产地区，已有千余年的产盐历史。久大经盐务局批准，与当地盐商反复协商，才进入自流井设厂。该厂向盐商购入卤水，用平底锅熬制洁白精盐。利用卤水所含杂质提取副产品，其中有硼砂，这是海卤中所没有的。一九三八年纪念抗战一周年时，《大公报》汉口版发出专电，报道了久大川厂建成投产的消息。久大自流井盐厂出了产品，既可以使久大撤到四川的职工就业，又能逐渐恢复湘鄂两省的市场。但该厂所产精盐系结晶颗粒，非用麻袋包装不可，而当地所产的块状盐巴，则无须包装，可用肩挑或牲口载负，具有运输简便和途耗少的优越性。为了便利运输，久大技术人员想出一个办法，即装置若干台水压机，将精盐散粒压成十斤一块的盐砖，便于散装运输。久大的精盐从此由四川到湖南沅陵、常德一带销售，为湘西人民解决了因海盐中断而缺盐的困难。

久大自流井厂自己设有机修厂和发电厂，还利用附近糖厂榨糖后余下的母液发酵和精馏，制成动力用的酒精，作为本厂汽车运输的燃料。凡此种种措施，都为久大在四川立足创造了条件，后来它成为外省"迁川工厂联谊会"的发起者之一。抗战胜利后，久大自流井盐厂将全部厂房设备交由川康盐务局接收经营，改称为盐业示范工厂，继续为川盐革新做出贡献。

2. 建设永利川厂

永利川厂厂址选择在五通桥老龙坝，距自流井产盐区约二百公里。范氏之所以选定这个地方作为厂址，一是五通桥盐区开发历史不长，地下盐卤资源丰富。二是终年可以通行一百吨位至二百吨位的船只，顺流而下可达重庆。还有两条公路，分别经乐山、新津和经荣县、自流井到成都。三是当地产煤丰富，燃料取给方便。永利在老龙坝建厂，由南京合成氨厂厂长傅冰芝主持厂务，占地近千亩。为了降低盐卤制碱成本，侯德榜及其技术助手早有革新苏尔维工艺的想法。经过反复研究，他们在重碱过滤后的母液中，不收回氨，而用加盐来增加母液中氯离子的浓度，使之与原存在于母液中的氨离子结合，经冷却后得出结晶的氯化铵。这一做法一度被命名为"侯氏制碱法"，后来根据侯氏本人的建议，改称"联碱法"，既产纯碱，又产氯化铵。侯德榜因制碱方法创新而闻名中外，受到化工界的推崇。为了支持侯德榜搞革新，范旭东采取了一系列措施。一九三八年夏季，范氏到香港，听说德国某工厂正在试用一种类似"联碱法"的办法生产小批量的产品，便将侯德榜与永利另一技术员派往德国考察。他们抵达德国后，始知该工厂保密这方面的技术资料，加以受到希特勒的"盖世太保"的怀疑，便离开德国经法国转往美国。在李国钦的支持下，侯于纽约设立永利办事处，一方面为永利川厂采购设备；另一方面成立一个小型化验室，继续研究试验用川盐卤水（小样）和"联碱法"制碱的技术。范氏考虑到他们人力单薄，又从永利的技术人员中选派二三人前往协助。由于美国生活费用太高，一年后，这个试验小组迁到香港九龙工作。一九四一年以后，范氏又在永利川厂成立"联碱法"实验中心，将原在外地的实验人员陆续撤回，扩大实验规模，终于取得完全成功。一九四三年至一九四四年初，永利川厂已用"联碱法"大量投制产品。这是范氏支持侯德榜在我国制碱技术上取得的一个重大成就。

永利川厂从南京撤出时运来的一套二千瓦涡轮发电机组，在一九四一年便已安装完毕，投入了生产。后来又成立了一个机修车间，从翻砂造型到车、钳、刨、铣等机械加工以及电炉炼钢等设备，都已配套成龙，不仅满足了本厂生产的需要，而且有力地支援了其他厂子的建设。其中最为出色的一项工程，是在离厂十余里的盐区原野进行勘测，觅定一个钻探点，从一九四四年开始打钻，费时三年，井眼深达两千公尺，穿过石油层（经取样化验为重油）达到了盐层。这一深井的深度不仅远远超过了当地和自流井已有的盐井，而且超过了甘肃玉门石油矿深井的深度，成为当时国内第一口深井。它为断定五通桥地区存在丰富的盐储藏量提供了有力的证据。为了给钻探这一深井提供技术和物质条件，范氏嘱侯德榜在美国采购了一套能钻二千五百公尺深的石油钻井设备，重达两千余吨，其中深井套管每根长达十余公尺，四吨载重汽车一次只能装二三根。当时，我国从北到南的海口，几乎全被日本侵略者封锁。在日本偷袭珍珠港以前，凡运往我国西南大后方的军需和民用物资，大部分须经越南海防、河内，进入滇、桂两省，然后转运其他各地。后因日本海军舰只经常在越南沿海骚扰，只好改道由缅甸仰光进口，经铁路运抵缅甸北部曼德勒，再由中缅公路运到云南昆明，又经川滇公路运抵四川泸州转往各地。永利川厂在美采购的器材，大都是经上述路线陆续运进的。在中越、中缅两公路运输中断以前，范氏以六十岁的高龄，亲临运输前线，历尽艰辛，使永利能在较短的时间内，抢运了大批重要器材，保证了川厂深井钻探工程和"联碱法"工业性中间试验的顺利进行。

当"联碱法"实验取得初步成果时，他即向国民政府提出报告，要求批准建厂计划，并转饬四联总处（即中央银行、中国银行、交通银行和农民银行四行办事总处）拨借法币两千万元，作为永利川厂建厂资金，其中半数按当时外汇牌价（即法币折二十元合美元一元）拨给外汇，供在国外采购设备器材之用。此项借款以永利全部固定资金作担保，待川厂建成投产后，按还款时币值折算（即保本付息），分期归还。范氏曾以其国民参政员身份向国民参政会和社会各界广为宣传，获得支持，终于得到国民党行政院批准，与四联总处签订长期借款合同。范氏在筹措资金有了着落之后，于一九四〇年春经香港乘飞机到菲律宾，再乘海轮渡太平洋到美国旧金山。这是范氏第一次美国之行。根据当时情况，除需要在美国采购工厂技术设备和深井工程器材外，还要自办中缅公路线上的运输。为此，范氏一次就购买了货运卡车一百辆，随后又添购一百辆。这批车辆除运输永利本身的设备物资外，还承担了抗日时期军需物资的部分运输任务。范氏在美期间，参观了碱厂及其他一些化工厂和石油钻井工程与中小型煤矿。他回到昆明后，亲自指挥繁重的运输工作。为了解决永利川厂发电厂的燃料用煤问题，在厂址范围内，自办一个半机械化的煤矿，投产后可日产煤五十吨。由于煤质较差，不适合炼焦，后来改作了锅炉燃料。永利川厂的建设所经历的道路是相当艰难的。正如范氏所说，"样样都要从头做起，没有原料要自己动手打井取盐，没有煤炭要自己开矿取煤，真是件件都得自己办"。

当"联碱法"工业性中间试验成功的喜讯传出，范氏满以为这一新的制碱工艺可以在川西新的化工基地上大放光芒，不料日军南侵，中缅公路中断，中印公路一年后勉强通车，也只许用于军事物资的运输。永利川厂部分器材经由美国运到印度后，都搁在仓库内，难以运回国内。永利川厂不能因此而坐耗资金，便利用已有的厂房和设备器材，在邻近的乐山、夹江等县采购芒硝，以路布兰制碱法生产纯碱，渡过难关，直到抗战胜利后才停止这种生产。

3. 筹建永利湘厂未成

早在一九三七年抗日战争爆发以前，范旭东就有建设永利湘厂的打算，由李滋敏任建厂基地负责人，已在株洲白石港选定厂址，并动工兴建了发电厂的厂房、烟囱和仓库（现均为株洲火力发电厂所用），占地约千余亩，后因抗日战争发生而停止。但范氏并未放弃在湖南建厂的计划，到一九四四年，他又着手湘厂的筹建工作了。

一九四四年九月，范旭东与上海银行总经理陈光甫、民生实业公司总经理卢作孚等人，以民族工商业者代表的身份，参加在美国召开的战后工商国际开发会议。与会者主要是资本主义国家中垄断资本集团的代表人物。范氏等作为中国的代表是经国民党政府批准，持有外交使团护照而与会的。当时，范氏拟向美国进出口银行签订一千六百万美元的贷款，以引进一系列技术设备，实现他在湖南办厂的计划，其中包括年产五万吨的合成氨厂，年产五十万吨的水泥厂，日产五十吨的民用平板玻璃厂，以及塑料厂等整套设备和一个日产五百吨至一千吨的煤矿机械设备。他在美国与有关厂商签订了引进各厂所需设备的草约之后，即与侯德榜联袂离美返回重庆，向政府当局报告，要求批准在美借款合同（草案），并由中国银行总行纽约分行副署签字，担保借款的清偿。当时，国民党行政院由副院长孔祥熙主持（院长系蒋介石兼），中国银行董事长为宋子文，他们对批准范氏借款要求一事互相推诱，宋子文仍然有意将永利这个在民族工业中占有重要地位的企业纳入他的垄断资本财团，再度向范示意，如同意由宋出任永利董事长，此一对外借款合同可立即由中国银行总行指令纽约分行签署担保。范氏通过多年与国民党政界人士的接触，深知其反动本质与官僚作风，极不愿官僚资本插手于他毕生奋斗的事业，对宋的要求未予理睬。因此借款合同未能签订，建设湘厂的计划落空。不久范氏病故。

（原载中国文史出版社《化工先导范旭东》，有删节）

如何完成国防化工

抗战以来，国人痛感军火不如敌人，受了无穷苦痛。西迁之后，又为海口被封，生活必需品闹恐慌，个个烦恼。从世界大势推测，这样沉闷的局势，一刻还无法打开，万一太平洋上再起风波，有一个时期，我们的遭遇必定比今日更凶，毫无疑义。朋友常常谈到中国国防化工问题，大家都觉得要早解决，中国如其早有这套武器，至少受难不致这般深刻，就算时局再恶化起来，毕竟多条路走，也轻松得多，这见解当然是十分正确的。我极愿意就个人所知道的，补充几句话。在分工极精细的时代，的确是"隔行如隔山"，化工一门，包括甚广，很不容易说得明白，因此不顾琐屑，先假定国防化工一个范围，再就中国国防化工现状说个大概，最后举出如何完成国防化工的一得之见，请各方同志指教。短短一篇文字，无从达意，这是十分抱歉的。

任何一种化工，在所选用的化学反应和原料，绝不能完全和其他化工脱离连带关系。化工的妙用在这里，不容易成功的道理，也在这里。既是这样互相连带着，我人要指定哪几种是国防化工，就很为难。比方造胰工业，可说是再平和不过的，但是副产的甘油，变成了制造猛性炸药的贵重原料，这样例子太多，不胜枚举。不得已，我们只好在万别千差之中，假定制造酸、碱、合成氮气、食盐电解、酿造酒精、炼焦、炼磺，几种供给基本原料的化工，划归国防化工范围。初步应当先从这范围做起，工程上虽不大容易，成功之后，确实有了基础，我热烈的期望同时并举，一气呵成。这几种原料不能自给自足的国家，在近代绝不够资格独立，是要被侵略的。

中国化工进展的历程，和其他工业先进国略微有点两样，值得我人称述，工程艰巨无大利可图的国防化工，在中国成功最早。譬如纯碱制造，远在二十年前就有了根基，有色人种办成这个工业的，中国要算首屈一指，其余别的几种化工，后来也陆续完成了。最令人惊奇的，就是比较轻巧而且销路宽广的化工，如造纸、制药之类，发达反为较迟一步，这事实在建造中国国防化工是最有意义而且不可磨灭的。"七七"事变突起，南北各大化工工厂，暂时都为敌人侵占了，关心这事业的人们，无一不痛心疾首。谁想到三年来在后方，一个个又复兴起来，有的正在建造，有的早已完成出品多日了，其中有一部分的改进，甚至要打破世界化工技术界的纪录。险阻艰难，无过于战时的西南，居然没有为环境所屈服，还有意外的成就，我人虽用不着自夸，但也用不着自馁，我敢说中国国防化工的前途，是万分光明的。

在国难深刻的今日，中国国防化工，何幸早有基础，今后如何因势利导，完成这个紧急任务，责任不全在少数化工人肩上，必得全国同胞，直接间接加以协助；政府方面，尤其要统筹全局，否则力量太不集中，轻重缓急太无准则。尽管各人尽心竭力，就自己想得到行得开的拼命去做，但是国防所急要的，究竟是些什么化工，即经在后方着手办的，是不是全部适用？有没有彼此重复？大家似乎都不甚了了。因此，我们宝贵的精神才力和国家最难得的机会，无形中不免有重大的消耗，岂不可惜！国防最高会议，既是主持国防大计的最高机关，相信对于国防化工，一定早有成算。应当在最短期间，召集各方主持国防化工的当局，切实讨论一番，宣布政府对国防化工的策略，如有必要，即可指定某一机关或联合几个机关，担负某部全责，克期完工，成败唯他是问，直截了当，这或者是救急的唯一办法。完成国防化工，是国家百年长计所关的，绝不是只图几个烟筒冒烟，就以为是大功告成，或者不计工本，买外国图样回来仿造，就算人事已尽。百年来任何工业，在中国生不起根来，不得不归罪于性急取巧这几种病因。平日没有切实准备，遇着国家有事，大家慌张起来，病急乱投医，不知从何下手。打仗需要硫酸，就不管硫黄从何而来，居然有人做出制造硫酸的几年计划，自我怡悦，这是再危险不过的。抗战期中，国内仅有的几个学术研究机关，不论已经内迁，或是仍旧在沦陷区挣扎的，一样陷于垂死状态，研究员苦于物价飞腾，衣食维艰，如何谈得到研究工作？我以为中国要完成国防化工，必得要倾全力从根本做起，充实学术研究机关的人才物力，要和调兵作战一样重视。美国只为助战，最近动员学者专家五十万人，比起抗战将近四年的中国，凉热相隔天渊，我相信美国政府决不愚笨，也不是不性急，他们知道必由之路。想要取巧绕弯子，终久是自己吃亏的。时不我待，机会难得，今日的中国已经没有再蹈覆辙的余裕了！

（原载1941年4月20日　第13年第21、第22期《海王》）

久大第一个三十年

　　第一个三十年的久大，我想说的话太多，不知道从哪里说起才好，一言以蔽之，"感慨无量"！久大是民元新兴事业，硕果仅存的。创办之前，并没有人作这样打算，更说不到有过什么计划。辛亥革命，激动了年轻人的感情，不由得不热血沸腾。当时我在日本京都帝大做研究工作，早出晚归，生活比较安适。国内还在激变，一天一个说法，实在教人难受。趁冬假得暇赶回中国，住些日子下来，接触的方面多了，才知道国事不是我所想象得那样简单，着急无益，打定主意要到德国求深造。一个穷学生，想立刻筹出偌大一笔出国费用，谈何容易！越是发躁，越使人失望，踌躇莫决的时光，忽然得了个意外的消息：财政部要派员去奥国调查盐专卖法和盐厂的制盐设备，需要一个懂得工程的人，经过几番交涉，我居然当选了。一行四个人，允许我调查完事，暂时在国外继续求学。到欧洲将近一年，大陆各国矿盐产地和沿海盐场，将近都跑到了。三位同事准备回国，我极力补习功课，各如所愿，非常顺畅。一天忽然接到部电，政府为改良盐质，急于要办个新式盐厂，叫我一同回国，我的留学计划终被打断了，至今回想，一生的学生生活也从此告终，实出意外。在回国船上，加意整理设厂资料，经过新加坡，又独自跨到爪哇参观那里用海盐压成方砖的机器，怕的回国后，顾此失彼，贻误公事。一团高兴回到上海，从报上看到先兄静生先生已经辞去教育部职

210

务，正在上海。见面之后，才知道短短的一年左右，政局有了许多变化。到北京，财政总长换了人，继任的始则忙其所忙，继则顾左右而言他，再不提起办厂，但是薪金还照旧给。等着无聊，又替币制局到各省调查了一趟造币厂，多见多闻，胜读死书千万卷。本来"币""弊"有何不同，无须太认真，反为多事，我又多受了一番教训。老朋友们比我熟习世情，苦口劝我，不要再存妄想，要办工业，自己招股，自己动起手来，否则安安心心领着公俸混下去，不用着急。这种好意，我当然拜受，而且十分了解；到这般地步，的确也非下决心不可，我终于干脆辞去职务，离开政治中心的北京，找我自己的路走了。

民元初期，政象显然带些活气。就盐务而论，善后借款成功，内中指定七百万镑，做改良盐务的费用，在中国可称史无前例，遣派我们出国调查，无非为积极准备。后来资金流用到别方面去了，预定兴办盐厂，等于一场儿戏，都是政局演变的结果，原意实在并不算错。尤其难得的，民间同样有朝气热心盐政改革的人们，发动舆论，旗鼓堂堂和恶势力斗争，这盛况后来几成绝响。张季直先生在北京组织盐政讨论会，发行《盐政杂志》，主张废除引岸，就场征税，针对"商专卖"痛下针砭；主干景卒白先生，笔锋犀利，痛责引制，祸国殃民，所谓"盐商"本底子是"差徭"，不够商人资格，应当斥革，使对抗的《谈盐丛刊》暗淡无光。笔墨官司正打得火热，久大精盐蓦地从工业技术立场，树起打倒脏盐旗帜，各方同情激烈。这一切只是当时政象的反映，否则政府绝不会想到行了几千年下来的盐务，还需要改良，引岸神圣，也绝不许吃盐的人敢批评半个不字。这是不是我的偏见？自己不敢肯定。离开北京后，我到附近海边看过几次，那一带，白的是盐，黑的是煤，令人欣羡，自己办厂的决心已经再不迟疑了。许多同志都尽力解囊相助，多的两千元，少的一百元，对我表示期许。梁任公先生住在天津，每次见面必问："招了好多股？"有时援笔伸纸，亲自列数计算，这种热情历历如在眼前，屈指三十年了！列名发起的最初七个人，有两位不久自行告退；黄孟曦、胡翔云、方积琳三位，先后去世了，他们生前都尽力扶持过久大。景卒白先生和我一直效劳，没有间断。平津沦陷，景先生年事稍高，行动不能自由，没有离开，这在同辈中，是万分遗憾的！久大由这班书生一时兴会所至、凑合而成，不论世相如何变化，传统的书卷气，总归不能完全脱掉，遇事显得十分迟钝，不合时宜。我常想民初政局如其一帆风顺，与日俱进，久大的作风或者还能够多发挥些，至少，它绝不至太不合时宜。中国盐务和政治全局，将近是如影随形，由来已久，政治修明，盐务怎么办都好，否则，任何良法美意，没有讨好的。在历史上看刘晏主张就场征税，世称良法，但是不在天宝时代，而推下去四五十年，遇到西河用兵，国用浩繁，这法就不能成立了。宋代内忧外患，政府靠盐为生，盐法一改再改，极力榨取，岂止蔡京的引制是祸国殃民的？时代容不住比引制更好的方法，虽有善者，亦无可如之何。用这看法来推论久大这三十年的成就，虽然和我们当初所预期的相去太远，还算很满意的。说到这里，我想到这三十年盐务和国事的关系，这比谈久大的故事有趣得多，而且相当要紧，先说个大概。

前清丧失国权，不计其数，惟独盐务，因为祖宗成法，不好随便，所以一直保留下来，没有十分损坏。光绪宣统之间，虽然暗地指着盐税借过外债，如"瑞记洋款"之类，毕竟不敢明目张胆大干。所谓"善后大借款"，公然指定盐税做第一担保，发议虽在清末，签字是民国二年的事。总数二千五百万英镑，数目相当大，盐务就这样在神不知鬼不觉之间，变成国际共管了！当时我们有相当惊讶，不过有什么办法？结果，付之一叹！债款条件年息五厘，但是债款照票面九折发行，八四净交，加上经手费、汇费等，应有尽有的担负，一共花去四百多万英镑，骇人听闻，穷人吃高利贷，是这样可怜的！不幸，可怜的还不只此，日俄排挤美国单独借款，不令成立，从新勾结英、法、德，组织五国银团，露出政治借款的狰狞面目，在审核借款支出的糖衣里包藏毒药，极力提高洋员的地位，布下后来操纵行政的网罗，用心险恶，令人发指。清末历经国变，财政拮据万分，再加上革命军兴，支用无限，更岌岌不可终日，财政当局，非不知道饮鸩止渴等于自杀，除忍痛借款之外，又无路可走。议会诸君，因为立场不同，只顾虑将来祸患，置目前难局于不闻不问，竟不予同情，各走极端，以致决裂，暴露国家的弱点，言之痛心！袁世凯一生，最会抓住机会，利便私图，自甲午由驻韩办事员做起，国家倒一次霉，他升一次官。议会和政府冲突，在民主国家极不算事，尽有解决办法。乃北京群小，张脉偾兴，咒诅中国不够共和，鼓吹帝制，袁世凯抓住这种心理，又乐得利用，卒至演出天与人归那一幕，极尽人世丑态，把国事当作儿戏。盐务稽核所成立，在印度吃盐饭的人们都移到了北京。丁恩之流，声势赫灼，驾财政总长而上之。无耻官僚，为通融些许政费，取悦军阀，不惜曲意奉承，倘得青睐，群相夸耀，当时成为风气。税务司把住了大门小户，还不满意，忽然又垂涎厨房里的美味，想分得杯羹，提议拿关余做担保，发行"盐税公债"，为攫取缉私权的香饵。当然得不到稽核所赞同，猝致流产。不过"九六公债"这无名肿毒，却由此发生了，后来九六公债闹出多少乱子来，是人所共知的，原因还是"盐"在作怪。"盐"在中国真是个不祥之物！在这三十年中，国际间由于盐的争夺，最明显的莫过于青岛盐业，这一次久大不仅躬逢其盛，而且为中国争了一口气。民国十一年华府会议，承认中国政府备价收回日本在青岛经营的盐田工厂。这在日本是个相当严重问题，青岛盐价和海沙一样便宜，日本的化工和渔业，得它的帮助不小。当时日本舆论，对中国似乎还可原谅，这并不是为尊重中国主权，完全是蔑视中国人，只知道盐是给人吃的，不知道有别的大用处。他们攻击英国非常猛烈，中原省三的《苏达通论》上痛骂英国嫉妒日本用青岛盐，硬说英国是怕日本制碱工业发达，将来会抵制英货，所以唆使中国收回盐权，用心太狠。内容究竟怎样？立于中国立场的我辈，用不着管它，大家争夺，各不相下，总是事实。政府据约把青岛盐权收回，由久大组织永裕盐业公司备价承购，继续经营，我们和内外群魔恶战十年，最后我们胜利了。第一个三十年的久大，在国际间打了这一仗，保护了国家主权，未辱使命，是值得我们骄傲的。

环绕在北京城圈子的盐务足够奇特的，还有地方上的玩意，不附带说几句，也很可惜。民六世界大战，中国对德宣而不战，中枢别有用心，予地方军阀种种不良印象，他们开始肆无忌惮。直到北伐成功，十年之间，五年不内战，内乱一起，一定问盐商要钱，盐商一定拿久大来搪塞，成了惯例。限制精盐销路，不许人民购食自由，年年重演一遍。久大不听他们，第一加税，其次是勒索，等而下之，公然绑票。起初我们还把它当一件事看，后来见怪不怪，想出种种方法反攻，甚至借此迈进一步，真是有趣！比方民国八年，张敬尧率领十万大兵进到长沙，气焰不可一世。起初，受了旧商的麻醉，简直要把久大活活吞下去，怎样和他讲交情，只是充耳不闻，势子越弄越僵。不久，态度变了，言归于好，久大在湖南打开局面，他尽力最多，我们说笑话，试使有天论功行赏，替军阀铸铜像，他倒当之无愧。这里要附带说明一句，以免误会的，就是这一转变，并不是久大退让，也不是和他有什么不明不白的勾当。十三年第二次直奉战争，我们照例受难，当时塘沽成了军事要地，神鬼不安，工厂虽没有停工，全厂妇孺都设法移居安全地带。盐运使张廷谔在天津，假借吴佩孚的势力，加紧勒索，不可理喻。正在无计可施，街上号外，大叫冯军从古北口班师了，好像三伏炎天一阵狂风暴雨，痛快淋漓。十四年李景林督理河北军务，驻在天津，所有在关外的马贼作风，都搬进关里来仿试；盐运使张小岱、财政厅厅长郝鹏，助纣为虐，无恶不作，实行掳人勒赎，把我从家门口架走。黎黄陂住在左近，听见这消息，大发雷霆，亲自去看我，当众把这辈喽啰狗血喷头地教训一顿，他们面面相觑，放我出来，真够味！乱世花絮权且当故事说说听听，过细想不得。再过三十年，谁肯相信我们是在诉说办实业的经历？

新旧冲突，在我个人极不愿意有，情肯为打开新局面拼命，懒得和腐旧的撕缠。久大当日兴办，大家都没有什么深意，说起惹人发笑。在我看，"书生之见"比"发财之念"浓厚得多，就是现在也不两样，要有冲突，应当从思想方面惹出来，绝不料会在买卖上纠缠不已。我们既吃盐饭，盐务就不能绝口不谈，并且多少知道世界大势，期望中国成个近代国家，所以说法更加用力，对于变相的人头税我认为是帝国主义者施之于殖民地的做法，不愿意中国再有，主张能废则应毫不迟疑废去，否则，时至今日，"人民吃盐的自由"是该有的，必得赶紧从"商专卖"手里解放出来。这完全是站在公民立场，说国家公话，和推广久大买卖毫不相干。况且久大的买卖，只要不受人为的阻碍，根本用不着我们绕这样大的弯子替它宣传。就是说我们是为做买卖，抵制久大的，惟有做出更价廉物美的盐来才能取胜，这是天经地义的。究竟我们的主张对不对，民元以后，再听不见反驳。就买卖而论，也从来没有撞到对手，和我们作正当竞争。旧势力，只是把我们牵住，不许动弹。有个时代，在江浙通都大邑，有人胆敢私自处罚购食久大精盐的良民，不受国法制裁，甚或干涉到公司包装材料和盐粒粗细，而国家机关，居然受理，纠缠不已。新的力量这样耗费，结果国家事业不是率性投在腐旧怀里和它同化，就会归于消灭，言之痛心。久大总算是例外，好险！

从千锤百炼成长出来的久大，今日可以放胆说一句，绝没有辜负初衷。记得创办当初，大家有个信念，就是"公私行为务求明朗公正"，这一点，在这三十年万幸勉强支持住了。我们内外的设施，虽然有得有失、有功有罪，无论如何，相信没有违背这个信念。举例而言，中国精盐由久大开创，当初政府并没有管理专章，其后为事势需求，要发布特许专章、精盐运销缴税办法等，事前都承主管官署征询过久大的意见。我们无不注重国家利益，竭诚贡献，绝不为一家私业稍留后手。其后，民国二十年国民会议议决的《新盐法》，当拟稿之初，久大同人也曾参与讨议，我们只望中国盐务可彻底改革，丝毫不曾为自己打算。旧商不明真相，以为打破引岸，久大可以大发其财，其实是相反的。久大所以能够和旧商竞争，间接受了引岸的保护，说句老实话，旧的积弊越深，新的越有甜头好吃，水浑才好摸鱼，这点我们岂不知道？但是国家事大，我们绝不肯损国便私。精盐是用粗盐加工制成的，费煤费力，还要贵价钱的包装，为什么还能准斤足两不折不扣照粗盐一样的价钱出售？世人很多不了解，甚至疑心精盐税低些，不然就是得了政府特别奖励。事实完全相反，所有中国传统的陋规，如余斤卤耗之类，揩国家的油，精盐皆不与焉。长年奋斗，只求不受特别歧视，危及生存，别的没有。这虽是件平常事，过细想想也很重要，我们自己不说，世人绝不明白，反生误会。相形之下，引商真是天之骄子。说到久大事业本身，我们的重心是寄托在工业上，因此对于工厂设施，特别用力得多。民四初建的那座小小的四合院，真是麻雀虽小五脏俱全，不过一到民七情形就大变了。那年四月，我们把德人在塘沽的铁路支线接收过来，本厂和车站以及轮船码头都能直接联络了；又不惜十万巨款，收买盐滩三副，面积不下二千余亩，每年可产粗盐十余万担。后来原料自给，这是起点。在当时国内这样设备完全的工厂，还不多见。消息传出后，不论知与不知，都非常惊讶。有人评论，这局面才是可久可大的。不过，说话虽是痛快，实地做，也经过不少的周折。盐场上任何设施，必须遵从盐务当局指令，不用细说；有时不幸惹出了麻烦，就活该受罪，为坨里盐仓顶上的招牌名字写大了，得了个有碍观瞻的罪名，只得遵令挖去，缩得小小的，从新漆过。用在盐滩的扫把，规定是扫盐池的，我们漫不经心，把"池"字写成"地"字，大受申斥，这都是历史上的趣闻。工厂不到几年，由一厂添到了六厂，产量由三万担加到百多万担。沿海河的俄国码头后来也给久大收买了，一个荒废渔村，忽然变成了近代工业城市。当时擘画一切的，如已故的章舒元先生和现在留住在沦陷区的文公信、沈舜卿以及战时在后方工作的萧豹文、李烛尘、唐汉三、杨子南、彭九生诸位先生，都曾经直接在塘沽负责，披荆斩棘之劳，大家应当永世勿忘。执务其他机关的同事，如已故的周雪亭、许绍周、谢伟卿、胡耕娱、刘君曼诸位先生，帮助工业进展，可谓不遗余力，令人追念。久大整个机构，自成一种风气，自股东以至全体同事，事业心都非常之重，不大计较一己的得失。民元时代，风气不开，办实业的人们，极不容易集资，他们不得已用借债方式募股，就是收到股款，即日用"官息"名义计息。这在经营商业，或能勉强办通，如其办工业就很不妥。因为无论办什么工厂，非有相当时日不会出货，况且新货上市，又未必一定有利，如其允许从收股之日计息，不管付不付现，这笔债务累积上去，也很令人气短。久大当时为打破这个不良习惯，章程上规定不发官息，有纯利的年度，照章分配红利，分多分少也没有一定，要看纯利的大小。这种办法是办工业必须力争的，现在企业界还不大行得通，久大开始就如此，从来没有听见非议，真属万幸。久大红利最多到过两分，有次破例升过一回股，每股加了半股，这都是十七八年前的旧话，此曲不弹久矣。说到同事，在久大执务廿多年的很多，其中几个是家有隔宿之粮的，很成疑问。抗战以来，生活更不堪言状了，大家还是抓住共同的信念，向前踏去，绝无怨尤。

"九一八"以后，塘沽情势激变，民国廿五年十月，公司召集临时股东会，议决修改公司名称为"久大盐业公司"，并将总管理处移到上海，目的在加强管理机构，扩大南方业务，这是历史上一个重要改革。第二年淮厂建筑成功，久大自河北越过山东进入淮河流域，精神上得到鼓励不少。

"七七"全面抗战，先由北而南，久大不惜塘沽、青岛、大浦，二十余年辛勤积存下来的资产，任敌人攫去，丝毫不和他蝇营狗苟，重贻国家之累，进到四川，极力为战时增产，凡是认为当做而可做的，不计成败得失自动做去，发挥我们的信念，绝不观望，事实俱在，这是人所共知的。三十年间久大的成就，略如上述，其实久大在本身业务上的表现，还远不如间接的来得伟大：黄海化学工业研究社在化工学术上的贡献，永利化学工业公司在基本化工界的业绩，永裕盐业公司在国际经济战线的胜利，荦荦大端，足够惊人。这在国内都是创造，在当时没有一件不是国家所不理、社会所不谈的。艰苦尝试，我辈书生，负在肩头，除了白尽义务，保育它们、协助它们外，还有一个不足为外人道的任务，就是起初十年八年，它们的生活费必得代筹，否则活不下去。这笔生活费数目很大，而且异常复杂，每每逼到山穷水尽时光，就指着久大抠注，一再而三，年复一年，非同小可。团体中称久大做"老大哥"，我时常加上一个注脚，提醒大家，我说："这位老大哥是真正中国式的。"如其他不深受中国文化陶冶，绝不能实践躬行，以底于成。他自己节衣缩食，但是不惜罄其所有培植后起，当时知道个中底细而看不透他的心情的，都冷笑他，是乡下佬讲虚荣，上了送子弟出洋之当。庸俗之见，从何说起？敦厚友于，在重利的工商业界，根本不足挂齿。我以为大规模企业，或是靠犹太起家，我不得而知。如在一个确定目标之下，当万方多难之时，要遂行一种创造任务，临到血重于水的关头，敦厚友于，或者反为是成功要素，很值得今日为国兴业的人们玩味。当然，兄，兄了，弟，一定得弟，尤其是夹在中间一班做伙计的，个个都要有伊尹之志，为公众负起责任，否则，势必同归于尽，毫无疑义。今日事实证明，久大和他一群弱弟，的确做到了兄兄弟弟，相得益彰。久大自己不惟不吃亏，而且成绩卓著。最后再根据数字做这段的结论：黄海的成就，不是数字所能表现的，姑且不谈。久大创办当时，目标不过年产精盐三万担，在三十年前，用万字做单位，气魄就算不小。但是等到抗战头一年，就是创业后第廿二年，久大自己产盐量，已经加了二十多倍，一共一百多万担了。久大、永利、永裕三家都离不开盐，那年三家经手的盐合计起来，实不下四百多万担，中国每个同胞那年可以分得本团体一斤盐。那年，三个公司所有的盐田合计不下十万亩，都在积极生产，如其换算成平方尺，每个同胞可以分得一平方尺还有多。此外的资产和他们在事业上的贡献，都用不着多说。乡下老头儿，应该不怕人冷笑了，大可吐口清气；就是我辈伙计，躬逢其盛，亲眼看到他们弟兄，个个头角峥嵘，又何尝不欢欣鼓舞，与有荣焉！

　　第一个三十年在抗战期中结束了，接上第二个又在抗战期中开始。血的教训，凡是中华儿女，相信绝对不会忘记的！不过我们必得要有积极动作，民族才能真正复兴，否则，等于老太婆念佛，尽管一天千万遍，于事何补？第一个三十年，我们期望中国从"商专卖"手里解放"人民吃盐的自由"。到这期的最后一年，政府实行了专卖制，形式上多少有点和我们的主张相似，实际离目标太远。今后世界大势彻底改变，中国一跃而为世界四强之一，"废除盐税"应该再不成问题。我想等到久大祝贺六十周年纪念之日，"盐务"这个神秘名词，早已成历史陈迹了，实在是万分应该的，非此也就不称其为近代国家了。久大志在海洋，第二个三十年，应当群策群力充分发挥，要由制盐迈进一步，开发海矿，因此公司今日成立海洋化工研究室，一则为纪念过去三十年的辛勤，二则确定今后三十年我们工作的趋向。凡是溶化在海水的矿质，不怕细微，不拘多少，都得收取。将来我国代钢铁而兴的轻金属，我们要由海矿贡献；化工、医药宝贵的原料，我们要由海矿取来。长江以北三千多里的海岸，本团体十万亩以上的盐田，都是我技术员工驰骋用武之地，我们应当兴奋，应当鼓舞，人世惟有趋向大自然进展的事业，才真可久可大。我要唤起同人注意的：黄海化学工业研究社，远在民国二十年就成立了菌学研究室，打开了我民族接近细菌世界的大门；永利在民国廿五年完成氮气工业，又确定了我民族利用空气资源的始基。鉴往知来，相信今日久大成立的海洋化工研究室，必然于我民族有莫大的贡献。学术是一切福利的泉源，久大本底子是书生事业，我们惟有亲近学术，开拓我们事业的前程，才是正轨。干吧！久大同人！我们要信任自己，各人尽自己的一份力量！

（原载1944年9月30日　第17年第2期《海王》

1944年10月10日　第17年第3期《海王》）

久大、永利、黄海决不外迁

——范先生对本团体同人的提示

本团体总经理范旭东先生，在八月十九日——就是日本投降专使河边虎四郎中将等十六人飞抵马尼拉的那天，有封警惕的公函提示同人，大家看了，极为感动。现在特把这公函披露如下：

八年抗战，吾同胞死伤流离不下数千万。北自黑龙江南至海南岛，凡属险要膏腴之国土，尽陷敌手，仅剩西南山区，同胞赖以生息教养诚有史以来之浩劫，刻骨之痛，永世难忘。现在暴敌降服，所谓万世一系之神圣天皇，只得屈膝于盟军统帅之前，听受指挥矣。吾辈不应自骄，更不必替他可惜；切记没有中国之积弱，绝对不能培植日本之富强，互为因果，至堪痛心！此次中国从死里逃生，可谓侥幸，今后万万不能再不振作，不能再贫再弱；在战时要靠将士英勇救国，和平告成，其责全在各有职司之人，不论所司大小□必得各自贡献一份。本团体自二十七年初到华西，当即郑重声明，不存逃难而来之念，必得借此机会有所建树；在抗战期间，因国际路线中断，吾等志愿未获实现，大势所迫，不无怅然！今后仍当贯彻主张，不可移易，久大、永利、黄海三个主要机关，决不外迁，且当力求发扬光大，确立华西化工之基础。至本团体预定新创事业与各机关之复原，自应积极策进。现在各地交通毁坏，恢复至难，政府分别缓急，已订专章管理，必须遵守；故同人行动，非得总处取得许可，无法提前，务望各守原来职位，照旧工作，不必多所揣测。有国家必有事业，不在急于一时，理宜静待。特此奉闻，并祝胜利！

我们读过这位化工老斗士的公函，确有无限的感想。大家知道，他从开始创办中国化工事业起，就没有一天不在艰难困苦中进行，抗战中的这个八年，更加困难重重，大费气力。为着在华西奠定化工基石，加强抗建力量，他一度困在沦陷的香港，两次跑到美国，好像难题越多，越增加了他解决难题的勇气，这个不能不使大家衷心敬佩。无奈战事影响太大，他的布置和计划，不能克期完成，最伤脑筋，所以他当胜利兴奋之中，给同人以沉痛的提示，相信大家绝不看轻自己，趁此机会，为中国化工尽力，苦斗一番，有所建树，国家幸甚！

222

管制日本工业之我见

日本侵略中国，实有五十余年之历史，而最后悍然不顾广土众民，不宜而战，简单言之，即藐视中国无工业。加以自"九一八"以来，中国内部统一，亦知向工业建设之途迈进，日本唯恐中国有工业，因即先发制人，以彼之处心积虑灭亡中国，准备有素，挟其坚甲利兵，殆类雷霆万钧，压诸累卵，故对中日战争，仅称为"支那事件"，侈言三月可完，实欲一击之下，粉碎无余，而儿戏了之也。慨自东北沦陷之后，华北首当其冲，吾人目睹其卖毒走私，残暴龌龊，实已罄竹难书。以如此败德无行之民族，假使能征服世界，真是天理沦亡，人类末世，逆料其必有恶贯满盈之日，果也天夺其魄，初生牛犊不怕虎，竟向珍珠港潜行偷袭，日人当日自诩其成功，讵知亡国之祸即基于此。

论日本之实力，与美国较，真是小巫见大巫，资言之，即美国工业彻底征服了日本；不过日本虽被征服，日本工业并未全部摧毁，且日本自中、美、英三国开始招降，即极力造成局势，延缓时日，同时即于此期间，隐藏并分散其重要工业设备，以图他日之再起。日本人之学术程度虽不及英美，然以彼五十年来之勇猛精进，其组织能力实不可侮，而全国抱一种复仇雪耻之心情，彼板垣之流公然宣称二十年之后，再来星岛，是其代表之一也。假使日本现有工业犹令其保留，而对未来日本工业之设施不予以严厉管制，则死灰有复燃之机，同盟国此次之血等于白流，实无以对后世之子孙。虽前日麦帅曾宣言日本工业无再起之机会，而昨日麦帅对新闻记者又称日本可能被允许保留充分的工业，且明言日本将来可能再握有东方商业之领袖地位，其言辞前后判若两人，已足令人惊讶而惶惑不安。且重光葵以东条内阁时代之祸首，常与麦帅分庭抗礼，曾言关于日本将来经济事项，已获得谅解，其中包括：（一）粮食增产上必要之工业，可举全力进行；（二）和平产业，尤以纺织工业，可考虑其南洋输出，并可考虑供给其原料。维护日本工业之心情，昭然若揭，更令人难于索解矣。

不过中国人受日本之侵略，为期已五十余年，痛苦之情，言之已不寒而栗，加以八年抗战，财产之损失无算，人命之死亡数逾千万，而流离转徙不计也。受如此之重大牺牲，中国人应有资格与权力要求同盟国处置日本不应过于宽大，尤其管制日本工业，更应绝对求其彻底。同盟之间，步调尤应一致，且在英美工业高度发达，苏联亦具有特长之处，势与中国不同，放松日本，或不足为害；惟中国工业尚在萌芽，万不能与日本比肩并进，不早事防止，实定影响中国之生存。防止日本人之再起，本为同盟国共同之责任，而协助中国之工业化，又为同盟国愿尽之义务，本此原则，吾人对管制日本工业即有如下之主张。

一、盟方管制日本工业，应特别重视中国地位，并寄予信心。

说明：战后促进中国富强，只有同盟国协助中国工业化，而战前日本工业品运销区域，均应由中国工业生产品代替之。其责任非常艰巨，故由一般之原则言，同盟国不应使日本有工业，中国既责无旁贷，故管制日本工业，同盟国应尊重中国之主张。

二、直接与军事有关之工业，如钢、铁、炼焦、机器、造船、大规模水火力发电、酸、碱、火药、炼盐、航空、五金冶炼以及各种有机溶剂等厂，应一律拆除。

三、日军在中国及南洋伤毁或侵占盟方之工业，应责令日方即将所拆除之工厂设备充作一部分赔偿之用。中国工业受害最深，无数因日本侵略而失业之工人，嗷嗷待哺，应将所有工业设备尽先迁移中国，供救济之用。

四、间接与军事有关之工业，如大规模棉、毛、丝之纺织，纸浆、造纸、人造丝、制糖、酿造、面粉及其他大规模日用品工厂，皆可暗自变为军用品制造之所，均应受中国政府限制。

五、日本为产铜及硫黄之国家，此皆军需重要原料，中国适与之相反，故日本之铜与硫黄两业，应由中国代为经营。

六、日本政府及民间工厂所持之工业特许权，无论由日本人创造，或购自国外者，应一律提供检验，分别处理。

七、以后日本由国外输入之原料，其数量只许足供制造本国消耗品之用，不得超过。

八、日本化学肥料工厂，应扫数向中国迁移。日本农业所需之化学肥料，应限定由外国输入，不得自制，杜绝暗中转变用途，制造军火。

此为吾人主张管制日本工业起码之必要条件，甚盼谋国当局向盟方提议，以期实现。此不唯与中国之命运有关，亦即远东和平有力之保障，关键要图，不当忽视，故特为提出，与其待水沸而再做扬汤之止，实不如早抽薪于釜底之为愈也。

（原载1946年10月　第28卷第5期《科学》）

永利硫酸铔厂始末

张能远

一、兴　建

范旭东于一九三一年九月十八日被聘为中国氮气公司筹备委员，筹建硫酸铔厂。委员中对创办硫酸铔厂意见不一，有的主张"中外合资"，有的主张"官商合办"。范旭东对"中外合资之议颇费踌躇"，也不主张官商合办。他认为："中国人必先苦苦地干一番，至少要自己站得起来才受得起人家的帮助。否则不是人家帮助我们，倒是我们帮助人家消纳资本、扩充市场了！因此，在目前中国情况下，我们对于利用外资合办工业的问题，不肯轻易赞成。"他也反对"官商合办"。他认为："官营工业，历来没有好成绩，不一定是当事人不道德，总有一个使它失败的理由。"

但是硫酸铔厂技术艰深、规模宏大，有关方面一直迷信于外国的资金和技术，几年来一直和英、德公司进行谈判，筹备委员会的工作只是纸上谈兵，毫无实际进展。范旭东趁机积极进行自办铔厂的准备工作。他派黄汉瑞坐镇实业部，在陈公博的办公室办公，以加强联络，采集情报，反对中外合资。技术上，范旭东早在一九三一年六月三十日便在天津与美国氮气公司的白思脱见面并保持关系。其后又与邹秉文介绍的美国人蒲柏上校认识，为以后请蒲柏的氮气公司设计做了准备。资金上，范旭东走出"北四行"的圈子，和上海的银行发生联系，才有了以后的借款成功。

美国蒲柏上校来访并报来了该公司对建设硫酸铔厂的估价表，引起了在中国氮气工业中"列强争雄"的局面。英德终因条件苛刻被中国实业部通知"停止谈判"，范旭东承办硫酸铔厂的前景明朗起来。一九三三年十一月，"鉴于内外情势不容再事观望，范旭东决然呈请实业部由公司集股自办"。

十一月二十八日，实业部部长陈公博电范旭东："本日院议通过硫酸铔厂由兄办理，惟附限于一年半内成立之决议，特此通知。……"从此硫酸铔厂由永利公司私营企业承担下来。

一九三四年三月二十八日，范旭东为适应铔厂建设，将天津制碱公司改名为"永利化学工业公司"。四月三十日，新旧股东在天津总公司开成立大会，选举周作民、景本白、陈光甫、范旭东、侯德榜、周素梅、刘君曼、李烛尘、余啸秋为董事，王孟钟、吴少皋为监察人。

一九三四年初，范旭东向驻沪外国厂家代表联系采购设备，但代表无权与永利订约。同年四月二十二日，范旭东派总工程师侯德榜率杨运珊、章怀西、许奎俊等出国采购兼学习，侯德榜一行先到加拿大考察了两个工厂。后到美国，也考察了两个工厂：一个是采用德国哈伯法的硫酸铔厂；另一个是法国克劳特设计的兼做磷酸混合肥料的工厂。最后决定采用哈伯法。范旭东和侯德榜的指导思想是"除制硫酸铔外，凡氮气工业应有的设备都应尽量使其成立"。但因为时局不好，中国银根吃紧，国币在世界上的信用"极为单薄"等原因，永利耗资过大，范旭东不得不考虑将硝酸厂下马，经侯德榜多方节省，才照原计划进行。

侯到美国两个月之后，与美国氮气工程公司订立了合同，请其代为设计硫酸铔厂。开始该公司索要设计费十九万美元，经再三会商，减至十五万美元；另派工程师七人来华协助工作，日薪五十美元；并限制工厂不得扩张，亦不得另设新厂，如利用其设计扩充或建新厂，须依其所加吨数另议报酬。经侯德榜极力折中，设计费减至十万美元，后又增加了二千美元；来华工程师减至三人，月薪一千二百美元，实际上仅一人在设计完成后来华；其他限制一律取消。随同侯德榜去美国的我技术人员，由美国氮气公司分别介绍到有关工厂学习。

一些美国商人企图利用这个机会在永利身上大捞一把，他们甚至互相约定好价钱，逼侯德榜上钩。比如，硫酸铔厂需要四个深井水泵，侯德榜向奇异公司磋商价格，奇异公司居然回信说不卖。原来慎昌公司曾经说：据永利自己人讲，这种水泵永利铔厂在所必需，而且已经指定非购买慎昌的水泵。慎昌公司认为这笔生意已是自己的囊中之物，就向其他公司打招呼，声言谁对侯先生有意减价出卖水泵，慎昌将不择手段予以报复。这使侯德榜非常为难，幸得李国钦通力协助，才得以摆脱困境。

在国内，一九三四年春开始购置厂址。关于厂址，曾有过四个方案：一是上海租界杨树浦电力厂附近；二是湖南株洲或湘潭下摄司一带；三是南京卸甲甸（即今日的大厂镇）；四是安徽的马鞍山。银行界人士认为，上海有外国人的势力，工厂设在租界里，投资有保障。但是上海租界地产索价太高，杨树浦一带一万多平方米的地皮须付七十万元，而且没有发展余地。范旭东坚决不同意，此方案被否决。事后范旭东说："这些财东一定要把这出戏放在他们大门口唱才放心，真是没有办法！"设厂于湖南、马鞍山的提议，受到上海金融界投资者的反对。同时硫酸铔厂的设备多数都是较笨重，运往内地不但耗时伤财而且在当时几乎是不可能的，因而也被否决。卸甲甸地区距南京下关码头二十里，是南京水上交通之门户，土质优良，是理想的建厂地址，最终决定在此建厂。

一九三四年初夏，范旭东派天津碱厂的李滋敏和黄海化工研究社的张英甫到卸甲甸，购得江边土地一千三百亩。一九三四年七月开始建厂。一九三五年五月，国外订购的机件开始运到。九月，厂内矗立起两座大气柜。江边建起了双杆百吨起重机及趸船，以备从上海运进的百吨合成塔的吊卸。十月，百吨合成塔运到。到年底，完成了贮气柜两座、贮铵桶七座、贮硫酸桶两座。铁工厂、翻砂厂也已完工，并投入生产。

国外的实习人员于一九三五年底开始陆续回国。侯德榜因欧洲局势紧张，设备的购买运输都发生了困难，一时难以脱身。在荷兰的设备须先转运纽约，再运往国内。有些外国工厂因忙于军工生产，对钲厂的设备不能按期交货。侯德榜穷于应付，他曾因血压过高，昏迷过去，后来又得了一种叫"过草热"的洋感冒，鼻塞不通、头痛欲裂、夜里呼吸困难久不能寐。直到一九三六年四月，他才大体处理完美国的事务，启程回国。

一九三六年九月，焦气厂、压缩部、合成部、精炼部次第完工。十二月中旬，锅炉房硝酸厂、硫酸钲厂的内外管线、冷水塔、江边深井等工程完工。一九三七年二月五日，中国人在卸甲甸生产出第一批硫酸铵，揭开了中国化肥工业崭新的一页。

永利硫酸钲厂利用高压合成的生产原理进行生产，工艺复杂，设备精良，投资庞大，远远超出了我国二十世纪三十年代的工业水平，号称"远东第一"。它的主要产品是硫酸、硝酸、硫酸铵、液体阿摩尼亚等化工的基本产品。与炸药、医药、印染及其他化工生产有密切的关系。

钲厂的管理人员当时作如下安排：厂长侯德榜、副厂长傅冰芝，黄汉瑞任效能技师，谢为杰管硝酸、林文彪管设计修改和管道、章怀西管煤气、赵文明管触煤、鲁波管高压机、刘顺达管土建、侯敬思管电器、谢守晋管翻砂、陆献侯管铁工房。

硫酸钲厂开工后，在各地招考了一百二十四名技工，由陈调甫专门负责。还有一些外籍人士参加了钲厂的工作，美籍六人，德籍二人，英国、瑞士国籍的各一人。其中包括了由碱厂调来的李佐华、主要工程师白思脱。

二、撤退与复原

永利硫酸铔厂开工仅五个月,抗日战争爆发了。日本侵略者于一九三七年八月十三日、九月二十七日、十二月二十一日先后三次轰炸铔厂。此时南京下关电厂亦被炸坏。铔厂没电没水,到处漆黑一团,食堂也开不了饭。厂方宣布时局紧张,着手裁员、疏散。黄汉瑞和南开大学教授张子丹到上海见范旭东,带回范的一封信。范希望至少要准备一套图纸带到湖南。

由于战事仓促,从上海打响到南京失陷,仅几个月的时间,加上国民党政府"南京固若金汤"的宣传,使撤退陷入被动。侯德榜把一百多台最好的机床集中到厂外的山洞里,搭起芦席棚,加工飞机用的炸弹。十二月三日,侯德榜从英国使馆打听到一位已是黄浦号船长的英国同学来到南京,便请他帮助送走一批机床和设备。船到武汉时,已是十二月五日。此时工厂除早运出的一份图纸和一部分仪表,只拆迁得全部铁工部机件和一小部分其他机件。

十二月初范旭东派林文彪等九名技术人员,乘最后一次下驶的太古公司黄浦号船东下,计划再回铔厂将重要机件拆运,不能拆运的则予以技术上的破坏。船抵南京时,铔厂已被日军占领,林文彪等只得折回。

一九三七年十二月十三日,日本帝国主义占领铔厂,对铔厂进行了疯狂的掠夺。他们让厂里的汉奸引路,挖出了埋藏的设备,把硝酸厂的全套设备劫运到日本九州,安装在大牟田东洋高压株式会社横须工厂。这套设备有八座吸取塔、一座氧化塔、一座浓硝塔。合计二十八套,一千四百八十二件,总重五百五十吨，全为高级合金钢板制成，其中仅做催化剂用的铂金网，就值四万美元。

抗战胜利后，一九四五年十月二十一日永利化学工业公司召开会议，着手复原工作。铔厂的接管工作由傅冰芝主持。一九四六年四月二十一日，侯德榜在二百辆汽车中挑了最好的两辆五吨重的卡车，送职工到宝鸡乘火车返厂。六月一日这部分职工回到铔厂。

铔厂已被敌人破坏得面目全非。许多设备被拆走，留下来的机器设备经敌人的粗暴使用，有的严重损坏，有的残缺不全。原料、资金也十分困难。幸赖同人九个多月的努力，铔厂才勉强恢复了生产。

铔厂开工后的头一年，产量仅及原设计的一半。正常生产后，平均日产硫酸铵也未能超过一百二十吨。原因是煤焦原料供应不足，电力发生故障，最大的危机还是通货无限制地膨胀，工厂亏损严重。一九四七年永利铔厂停产一百零一天，一九四八年停产九十六天。产品滞销、财源枯竭，主要车间抵押给银行以求资金周转，甚至连煤堆上都插上"向××银行抵押"的大牌子。一九四八年仅产合成氨一千九百五十二吨，硫酸一万四千二百四十二吨，硫酸铵一万七千九百七十七吨。

一九四七年七月到九月，侯德榜到日本做了七个星期的考察。在此期间，他坚决要求日本归还价值五十万美金的铔厂的硝酸厂，并为此到处奔走。他以国际化学权威的身份，驳斥了国内的种种奇谈怪论，声言即使是废铜烂铁，也值得运回。他会见了麦克阿瑟元帅，几度与远东经济委员会争论，两次在美军部工业家的陪同下到大牟田东洋高压株式会社视察。最后，麦克阿瑟下令日本政府限大牟田东洋高压株式会社将所掠硝酸厂全套设备于年底前运到上海。事实上，这套设备在第二年的四月十一日才运抵永利铔厂。这是我国"战后"从日本拆回的唯一的一套设备。

三、护厂斗争

一九四八年，解放战争节节胜利，国民党政权已濒临灭亡。为防止国民党特务破坏工厂，中国共产党加强了对铔厂的工作。一九四六年五月，中共南京市委成立。一九四七年五月二十五日硫酸铔厂成立了党支部，一九四八年三月十四日成立"六合县永利铔厂产业工会"。一九四八年十一月，中共铔厂支部决定进行护厂斗争。同时通过曲折的途径，使在国民党中享有很高威望的原金陵兵工厂厂长、中共秘密党员李承干任铔厂厂长。这时，铔厂的情况极为复杂。国民党特务屈文句、方粹纯、张维烈等多次指示厂内的反动势力，在工会理事会、理鉴事联席会上提出要搬迁永利铔厂。他们公开叫嚷："搬迁工厂是政府的命令，能搬的要搬走，搬不走的要炸毁，不给共产党留下一粒米、一颗螺丝钉，谁要是反对搬迁，谁就是通匪。"厂内外的国民党驻军和还乡团大褂子队也虎视眈眈。李承干在工会和地下党的配合下，主持召开了由工人、职员代表参加的联席会议，成立了由工人、职员、厂方组成的"永利铔厂同人互职会"。开展"反搬迁""反破坏""保厂保家"的斗争。

一九四九年国民党封锁江防，二月初首都卫戍总司令部船舶管理处征调了铔厂的所有船只、封停了下关码头，交通中断，工厂生产和职工生活都发生了困难。二月十八日铔厂以侯德榜的名义给李宗仁代总统呈文，希望能"将公司被封扣之自备小火轮及驳船克日予以发放，停驶京厂，维持生产及员工生活，并乞饬令江防机关，准许公司轮船通行……"

二月二十三日，永利铔厂代厂长赵显斋又呈文李宗仁和国防部总参谋长顾祝同，要求复工，要求附近驻军"对工厂予以保护"，并放回船舶等。

顾祝同于一九四九年二月三十一日发文给当时的"京沪杭警备总部总司令"汤恩伯，要求他"依状况处理"永利铔厂复工问题，并抄副本送永利化学工业公司。汤恩伯于四月四日发文给首都卫成司令部："依目前状况以暂缓复工为宜，希核办具报"，并"抄副本送永利化学公司"。但是首都卫成司令部总司令张耀明已经接到行政院的公文，于四月五日发文给永利公司侯总经理，"兹为顾虑该厂实际困难，应予开工"。"该厂开工后船只仍由本部船舶管制处控制行驶，夜间停泊南岸"。此时离南京解放不到二十天了。永利铔厂用这批船运进了五百万斤大米、黄豆、面粉等，等待解放。

一九四九年四月，中国人民解放军迫近永利铔厂。根据毛泽东主席的指示"对付永利铔厂守敌，只能诱至野外歼灭，不能强攻。如果毁坏了永利铔厂，就是毁了半个南京城。"在铔厂地下党组织和护厂队的协助下，解放军在南京解放后的第八天进驻铔厂。铔厂完好地保存下来。

四、恢复生产

永利铔厂解放了，但在原料、资金、产品销路和能源上遇到极大困难，经济到了崩溃的边缘。除非政府出面援助，否则别无出路。

南京刚解放三天，侯敬思就匆匆过江去联系煤炭、电力、码头等事宜。赵显斋在南京解放不到一个月，便给中国人民解放军南京军事委员会刘伯承主任、宋任穷副主任写了一份"折呈"，提出五项要求，请求协助。

一、请求人民银行暂贷人民币五千万元。

二、请饬马鞍山硫铁矿局核减硫铁矿石售价，并尽量供给；从巢湖沿岸有烟煤数万吨中拨出三五千吨给铔厂，并请津浦路局、淮南路局多拨车辆，协助运输。

三、通知首都电厂准备供电。

四、请饬三十五军发还自卫武器，派正规军三排驻扎厂区，维护本厂安全。

五、请派干员到厂开导职工，宣传新民主主义及工商经济政策。

南京市委派何为同志进厂了解情况，何为把钚厂的现状向市委和市军管会反映，市委和军管会决定大力支持。

军管会从华北联系到一万吨焦炭，不但价格低廉，而且先交货后付款。刘伯承司令员亲自批示，电告铁道部派直达车运送永利钚厂工业用煤。对钚厂的产品由政府组织收购。这样，钚厂于一九四九年六月十四日正式复工。

五、公私合营的过程

永利钚厂公私合营的直接原因是生产捉襟见肘，漏洞百出，没有国家的加入，势难发展。

一九五〇年十月，永利钚厂计有职工人数二千一百八十三人，其中职员一百九十人，工友一千九百八十三人，雇员十人。该厂到一九五〇年三月止，资产是一百六十亿元。当时市场上剩下的美国化肥是一百美元一吨，而钚厂的化肥成本就达二百元人民币以上，公司穷困到只发生活维持费。一九五一年，侯德榜不得不令碱厂每月拨碱一千吨到钚厂，给予补助。其时天津碱厂也几经风险，极不顺利。

像永利钚厂这样的大厂，靠外部支援恐非长计。以规模而论，天津碱厂只及钚厂五分之一的资产，当然负担不起。永利钚厂唯一的办法是自己找出路。其时在永利系统内部五通桥川厂在公私合营上已先走过一步，这给侯德榜以启示。

一九五〇年秋，侯德榜带领黄汉瑞、刘振东等向人民政府申请公私合营，很快得到了政府的同意。一九五一年十一月，国家重工业部派十名干部到永利公司总管理处、塘沽碱厂、南京铔厂，了解内部情况。一九五二年六月，永利化学工业公司在全国范围内宣布公私合营。这是全国大企业中公私合营最早的一家。一九五二年六月二十四日，永利铔厂更名为"公私合营永利化学工业公司宁厂"，冯伯华任厂长，揭开了铔厂历史新的一页。

数十年来，国家在原永利铔厂的基础上又发展了磷肥、催化剂及有机化工产品的生产，还组建了自己的设计院、研究院和强大的化工建设队伍。现在的南京化学工业联合公司已成为以氮、磷、催化剂等为中心的大型联合化工基地，其规模早已非永利铔厂可比拟，但永利铔厂在化工史上的贡献还是值得大书一笔的。

（原载中国文史出版社《化工先导范旭东》）

附　录

追悼范旭东先生

侯德榜

　　论范先生之伟大，大家均知范先生创立了极伟大事业，吾人应分析其伟大之因素有五：一为其创造能力、二为其笃信科学、三为其远大眼光、四为其艰苦精神、五为其私人道德。兹分别言之。

　　一、范先生之创造能力。范旭东先生于民国元年，由日本西京帝大理论化学系毕业返国，见中国盐政腐败，人民日食不洁盐粒，乃前赴欧洲历德、法、比、荷、奥、意诸国考察其盐政。民国二年返国，三年创立久大精盐公司于河北省海滨不毛之塘沽。当初纠集资本不过五万元，不久精盐事业乃发达。此为中国第一个精盐厂也。未几效法久大诸精盐公司继起，至今中国东北沿海各埠均有精盐工厂之设，虽多数非久大公司所办，但皆仿效久大公司之成法也。是年八月第一次世界大战发生，东西基本化学工业之原料顿感恐慌，国内造胰、造纸、造玻璃工业，甚至人民发馒头所需之碱来源断绝，价值倍蓰而不止。中国工业尤受战事影响，无法维持。先生于举办精盐成功之后，起而提倡用盐制碱，采用苏尔维制法，设厂于塘沽久大附近，资本原定国币四十万元。此碱法彼时虽已有五十余年之历史，奈欧美各国对此制法均保守秘密，中国以工业后进国家从事碱业，既乏导师，又鲜经验，暗中摸索，机件时作时辍，自民国六年创立永利碱厂起，历十年之久，其间几濒于倒闭者凡三次。至民国十五年工作始臻畅顺。外商不愿见中国自立碱厂，始而威胁，继而利诱，继见范先生之成功，转而与携手，盖范先生百折不挠，终能运用其创造能力以底于成也。民国二十一年，南京国民政府鉴于中国土地经数千年耕种，深知天然肥料不足以维持其生产力，彼时英德商人提议与中国政府合作设立化学肥料工业，终以其要求条件太苛，政府不能接受，遂不果。政府见永利碱业大成功，遂鼓励先生出面担任建设硫酸铔肥料厂，指定南京附近六合县卸甲甸为厂址。历二年半，至民国二十六年春竟将大规模铔厂完成，为东亚大陆第一铔厂。先生应时势需求，于无所取法之中，能独出心裁。创立此巨大事业，其创造能力超人之处有如此者。

二、范先生之笃信科学。先生创办久大精盐公司、永利制碱公司成功之后，觉中国化学工业非用科学方法增高效能，终将因成本过高，技术落伍，不能与外货角逐，遂于民国十一年，就久大化学试验室旧址创立黄海化学工业研究社，专研究精盐副产及化学制造方法，对于原料之探讨、成品之检查、制法之讲求、技术之研究尤为注意。盖化工研究室执工业之成功锁钥，实为工业之智囊也。先生好花木，娴种植，家居以园圃自娱。民国十五年，乃兄范静生先生逝世，次年为纪念其兄，设立静生生物研究所于北平，延聘植物学者研究中国植物，鉴定中国植物种类，贡献于生物学界不鲜。抗战军兴，先生新创滨海各地之事业，如塘沽之久大、永利，青岛之永裕，海州之久大第二厂，卸甲甸之硫酸铔厂，相继沦陷，海口被敌封锁，先生乃率同人迁入四川。感觉海洋之重要，尝语人曰："中国之生命线在于海洋，海水中有无限宝藏，不仅得盐且可取镁、碘、溴各副产品，可谓取之不尽，用之不竭。"民国卅三年，先生在四川，为久大精盐公司创立海洋化工研究社，研究摘取海水中之无限宝藏，为久大开辟新生面。自流井诸盐井产量有限，抗战以来，盐卤稀淡，深感人民淡食之苦，便于永利川厂五通桥附近，用科学方法锉凿盐井，卒能打破纪录，深入三千七百尺之地层，发现盐卤之新来源。创办新工业之先锋。曾曰："中国今日若不知注重科学，中国工业有何希望。"故尽捐其私人进款充作黄海化学工业研究社与静生生物研究所之经常维持费，其笃信科学如此。

三、范先生之远大眼光。范先生待同事非常宽厚，无论厂中高级与低级职员。有技术无技术工人，均一视同仁。职工有经济困难者，辄解私囊作将伯之助，而不以告人，即其太太亦并不知之。先生对外则更具远大眼光，当时创办碱厂之时，外商某公司（1）要求投资，（2）要求合作，（3）要求分销。威胁利诱，无所不至。先生察知用意，不为所动。至其创立硫酸铔厂之后，"七七"事变发生，日本军阀并吞中国如洪水猛兽，有劝其投于英人怀抱，挂英国洋旗，以资保护者。先生嗤之以鼻，知为拒狼引虎。先生在沪在港时，敌人代表与汉奸多来劝其与日本妥协者，或与日本某巨商合作者。先生正色拒之，晓以大义，宁为玉碎，不为瓦全，绝不愿惑于私利，图苟安于一时。先生气节凛烈，肃然而不可犯者，胥由其具有远大眼光所致。自"七七"事变起，京津不战而陷，塘沽碱厂随之沦亡。"八一三"战事发生，不出四月，首都失守，卸甲甸铔厂亦随之沦亡。久大方面，塘沽、青岛、海州各厂亦为敌人所占。从此工厂不出产，公司毫无营业可言。自民国廿六年以迄卅四年，八年之中，公司靠借贷度日，范先生对全厂职工并未辞退一人。先生常告人曰："抗战乃暂时局面，将来复兴，正需建设人才。"深知技术人员非经若干年训练不易造成也。先生于公司生死存亡之际，不欲放弃同人，其储才待用，眼光实为常人所弗及者。按英美习惯，公司无营业，即出于裁员。工厂无工作，即出于裁工。先生赴美时，美国厂家闻永利公司停业八年，而原有人员仍留用如故，惊叹先生如何能负此重担。及今思之，始知先生之远大眼光，实举世不能望其项背者。

四、范先生之艰苦精神。范先生自创办久大精盐起，以至完成永利铔厂止，地理范围，由塘沽、青岛、海州起，以迄四川的自流井、五通桥止，均以苦干精神，以身作则，为同人倡导。先生为公司元首，居总经理之位若干年，不支薪俸，最近始支公司每月四百元之薪金。故永利公司同人所得恒较外间同业及执教鞭者之薪金为低。先生每日晨六时起而办事，函电均出于本人手笔，从无秘书或抄写之人以佐之；清晨洗盥，赖有太太从旁照料，范先生之成功得其太太之助不鲜，洵贤内助也。抗战以后，先生亲率同人退至汉口，分全体职工为两组。一组赴湘南调查煤、石灰石、石膏、硫化铁等原料。一组入四川，往五通桥调查煤、焦、食盐等。另派工程师多人赴欧美，办理设计采购等事，先生则驻香港以接受舶来器材。迨香港失陷，又亲至海防、仰光以及滇缅路腊戍、畹町等处监督运输事宜。香港沦陷时，先生几不能脱身于围，在缅北滇边抢运时，先生身濒危者几次。敌人进攻衡阳、长沙，先生行至湖南耒阳，几无法脱险。先生与职工一同艰苦，共患难，备历险阻，故同人乐而从之。先生当公司总经理三十余年，出门不置汽车，家居不营大厦，一生全部精神集中于其事业，其艰苦卓绝，稍知范先生为人者，胥能道之。

五、范先生之私人道德。范先生之私德可与事业媲美。范先生待人以恕，处己以谦。身居总经理之职，无论老幼，称人曰兄，自称曰弟，同人家庭有困难者，先生闻之必为解决。其熏陶同人之法，则邀其人外出散步，借以详谈情形，交换意见，用讨论方式，达其训诲目的。遇事则功归于人，过归于己。持身则不染烟酒，不事赌博。至纳妾蓄婢，更所禁绝。挽近有某友人以某事请，先生答曰，劝某某变节，犹劝范某娶小老婆也。先生有二女而无子，若是常人，则据以为娶妾理由，遍置小星矣；而范先生不取焉。范先生死后，有某机关人以为范先生创立偌大事业，必留有许多遗产，来相询问。殊不知先生生前两女公子赴美留学之学费，已苦无法筹措。家族之生计，侄辈之教育，俱发生困难。先生事业之伟大，个人道德之高崇，中国之社会，一般人民或有不知之者，惟国际间尤其是英美两国人士咸景仰先生之事业，先生之道德。最近先生到美国时，美国政府设立之进出口银行，愿贷巨资，为永利各厂复兴建设之用，取息至廉，且无抵押，只须中国政府通过作为保证。此种借贷，为胜利以来美国协助中国复兴之第一声，亦为以政府地位借款与民营工业之第一例。外国人信用范先生个人有如此者。

今范先生于此时弃我辈长逝矣。胜利初临，复原方始，中国正大有为之时，而范先生去矣。吁嗟夫！棘地荆天，百废待举，巨星忽殒，公司失此领导一人，其何以堪。范先生固守八年，所冀者此胜利之一日。今胜利降临，范先生战后其计划得以发展矣，乃范先生其人与世长辞矣。呜呼！泰山可崩，大地可裂，范先生何以死耶？先生乃工业斗士，建设导师，不仅公司之领导，实民族之英雄。先生当此紧急关头，又何以死耶？岂造物忌才，文章惜命欤？同人继承范先生遗志，遵范先生所计划进行，一切无变动。将来若有小成就，非同人之力，乃范先生擘画之功。若其无所成就，非范先生之计划不善，惟予等小子无良。同人对范先生之死，哀悼悲恸之余，更感谢各界领袖来此参加，共分其哀悼悲恸。范先生在天有灵，亦必对诸君表示感激也。

（原载1946年10月　第28卷第5期《科学》）

243

我们初到华西

久大盐业公司、永利化学工业公司、黄海化学工业研究社联合办事处

先说几句话

大时代，不容许任何人苟安，逼着我们跑进了夔门。同事孙学悟先生常说：我们这伙人是劳作惯了的，四海为家这个理想，在我们倒不难实现，支起锅伙，到处好干，乡土观念本来就不厚，也从不计较个人的劳逸得失，可谓了无牵挂。硁硁自守的，只在"为国"两个字的信念。

中国广土众民，自有文化，应当领袖群伦，冠冕全国，竟贫弱到这般地位，险些要被人征服了，这理由当然非常复杂，中国科学落伍，无疑是其中重要的一个。中国古代哲人的物质观念，一向保守，没有设想到要和物界接近，这在欧西就完全不同。他们打破思想上羁绊之后，不仅认识了自己，并且领悟到物界的伟大，由这个觉醒，产生出人类的新武器——科学，所有旧时代的百工技艺，全被改造，重新安置在科学基础之上，国富民治，俨然超人，这绝对不是空讲礼教守法度的中国，对抗得来的。经过一次两次失败下来，自然意志全灰，民族自信更把持不住了，国家地位是一天不如一天地降落。跟着军事进攻的经济侵略，更加凶恶，百年来的入侵，吸尽我同胞们

的生血，惟其苦穷，什么罪恶都繁衍滋生。知识分子一生菲薄生产，轮到享受，他却不肯后人，为争一己的优越生存，相率为伪，甚至卖国亦在所不惜，内外夹攻，国家岂堪设想，从何说起？我辈书生，识见浅陋，确信要复兴中国，首先必要争取科学这套新武器，重建中国的百工技艺于科学基础之上，才能救贫，才能医弱。人微言轻的我们，叫嚣是不会有人肯听的，惟有集合愿做的人们，一同下手做，坐言起行，锲而不舍，拿事实出来证明，或者有效。这样实验了二十五年，时期不为不长，但是百不如意，成就实在太少。辜负了国人，也辜负了自己。环境相厄和人谋不臧，造成这种恶果，徒增愤愧，来日大难，还要倍加警惕、倍加奋励。

半个世纪以来，中国经济建设，确有相当进步，试使朝野当局，当日能够勉力多脱去中国传统的积习，效果当不只此。时至今日，觉悟似乎还不透彻，无论国营民营的事业，还是各自为政。轻重缓急之间，国家既无节制，同业间亦缺联络，因为这个缺点，自相销毁的力量，着实不少。百工技艺在中国本来没有地位，文人政客一向瞧不上眼，现在知道要办经济事业，必得罗致几个技术人员，虽卑辞厚币，在所不惜，一旦技术人员有所主张，主持的人还是强不知以为知的人居多，因此瞎子指挥秃子的矛盾事实，到处都有。拿治理经济事业，当作写文章，此风今日也还盛行，几多宝贵时光和金钱，费在堆砌计划书捏造宣传品上，遑遑限期，等于白说，居然乐此不疲。经济事业，是立国的根本。尽管业有大小，但是服务国家的观念，在动机上总不能一点没有，必要有所不为、有所不取，才不失一个国民对国家的态度。乃中国一般习惯，误认能抢现成能贪暴利的都是好手，其结果国命相依的事业界，变成了自相践踏的修罗场，殖民地风情，流露殆尽，竟无人自觉，我们期望借大时代的狂潮，冲刷这许多污秽。

到四川一年半光景，认清了祖国前途的伟大，这里是工业人十全十足的用武之地，农业要增产，矿业要开发，水利交通要振兴，千万终岁勤动不得一饱的劳苦大众，要待工业人扶持。敢请全国工业界同志，一致兴起，同心协力，建造我们民族复兴根据地，他日犁庭扫穴，痛饮黄龙，我工业界同志的勋劳，与国同休，同胞将永矢弗谖，我们同人愿执鞭相从，谨候大方指教。

回　忆

民国三年，我们的事业，才刚起手，一个北方极冷的冬天，范旭东先生，他冒着大西北风，初次到了塘沽，他是去查看那里，能不能设盐厂，和附近一般工业情况。据说，他起初以为塘沽和天津近，一定还热闹，想不到有那样荒凉！事实，这里是受了庚子国难的影响，虽然事隔十多年，还是疮痍满目。法国兵营一带空地，原来是村庄的中心，那时真是庐舍为墟，白河在冬季结了冰，没有船只往来，塘沽更显得寂寥，沿河的外国码头，那时都有外兵驻守，车站上也有服式不同的外兵，往来逡巡，情形非常奇异，现在久大西厂一带，当时是德国兵防地，神气十足，等到欧战发生，才烟消云散，那段不可侵犯的军用铁路，给久大租来行车，盛衰转变是这样快的。极西一个角落，远远地看见几间土房，少数孑遗在那里栖息，那天非常之冷，路上简直行人绝迹，一个跛脚的小孩，是范先生在那里发现的第一个中国人。他招扶过来，做了临时顾问，指东画西，供给他许多材料，后来盐厂落成，公司为留纪念，雇这小孩做了一名艺徒，随着公司事业进展，他一直没有离开，现在他已儿女成行了，当时情景，一切还在眼前。

塘沽是一大平原，临海沿河，北京出海，它是最近的门户。浓厚的海水，和强烈的日光，最宜于晒盐，造成长芦盐在中国的地位。在这里兴办盐碱工业，是再合理想不过的，食盐从海水取得，可称无尽藏。此外制碱原料，如煤、焦、灰石、耐火材料，唐山应有尽有。相隔不过一百英里，火车从产地直达厂中，大量运输，毫不费力。成品运出，中外大埠都能直接联络，更是特色。地方风俗诚朴，村邻交往都有礼貌，重然诺，人事上也很相安。我们在这里创办了久大精盐，民国六年，又办了永利纯碱。盐业在中国，历史悠久，反映着每个时代的政情和社会背景，极其微妙，叫人不可思议。如其专为赚钱享福，盐饭是吃得的，在事业意义上，却不敢多存厚望。碱业是基本化工，民族国家利至深，不容我们不全始全终，因此在技术上忍受了十四五年的磨折，从黑暗里才摸出一线光明。刚要开始营业，偏偏又触犯了世界碱业托拉斯的忌讳，来和我们纠缠，九死一生的我们，只得再和这魔王周旋，吃尽了人世辛酸。在这创造的十多年里，股东几百万资金，没有分过一厘利息，同事减薪相从，劳而无怨，范先生白尽义务，率领着员工苦斗，中国工业化的初期，竟有这般可歌可泣的经过，世人或竟不肯相信，最后我们克服了一切魔障。当时用盐制碱，在有色人种当中，我们首屈一指，我们得到中外同志许多意外的赞扬，当危急存亡的时期，朝野热心同胞，给我们许多帮助，像成品和原料免税一案，承孔庸之先生实业部任内批准实行，尤其有力，侥幸没有事败中途，都由于各方的厚赐，这是同人永远不能忘记的。为实行学术研究和工业实施相辅而行，民国十一年，我们毅然改组久大附设的化学室为独立组织，定名为黄海化学工业研究社。民间私立的学术研究机关，在当时还是初次尝试，从罗致人才购置图书仪器，养成一种学风，在学术上有许多特殊贡献，难易之间，比办一个工厂并没有不同。黄海构成了我们化工技艺的神经中枢，内容每年都有长进。久大、永利、黄海，是塘沽事业的三大柱石，后来我们向沿海、沿江推进，都是拿这个做基础。塘沽另外设立联合办事处，管理本团体的福利设施，如教育、出版、公安、卫生，等等，都集中在这里，粗具自治模型，于团体生活颇多帮助。这样稳扎稳打，卒将一个兵燹后的破落渔村，改造成了近代工业区，当时风气闭塞，内乱将近年年都有，塘沽为交通孔道，我们工厂每次都有乱兵骚扰，此外思想上、利害上的新旧冲突，更是应接不暇。但是无论如何，不干是没有出路的，大家抱定宗旨，总是有进无退，结果任何魔障，也莫奈何我们，相信这样陶冶出来的精神，绝对不是外来暴力，能够劫持的。

华府会议的结果，我们光复了青岛，政府为图完整盐务行政权，照约取消外人在中国经营的盐业。当时日商在青岛有盐田六万几千亩，盐厂约二十所，概由中国倍价收回。民国十二年，我们一团高兴，邀集山东本地同业，集资创办永裕盐业公司，呈请政府承买过来。谁知书生识见，不谙世情，几多意外打击接踵而来，始则立于卖主地位的官署，竟借故不如期交庄，反为留难，继则地方土劣受日方挑拨，假借盐民名义与公司抗争，这样无条件地给日本专卖局种种操纵机会，国家忍痛收回之权力，只差一间又为日商暗地骗去，这番恶战前后亘三年之久，还是不了了之。由这些我们实地尝到了日本对中国经济侵略的恶毒，领会了贪污土劣害国的深刻，最后证实了大公无私，终能收效，一番磨炼，胜读十年立志美谈，如此一十五年，从前残破不全的盐田工厂，给我们修理过来，生产量大增，股东虽仅分过三次微利，但是资产值价，比接收时期提高了三倍以上，工程技术间贡献给胶澳盐区的，还不可胜记。最大的成绩，就是政府完整国权的政策，在此次日寇侵入青岛之前，我们绝对保持没有因外界任何压迫丝毫放松，这是在回忆中，最堪自慰以慰国人的。

完成基本化工这个任务，单是制碱还不够，一只翅膀的雀鸟是飞不起来的，必得将制酸工业，同时举办起来，碱业既经成功几年，事实又有非再前进不可之势。承政府和社会热心同志的督促和扶助，筹得资金一千万元，民国二十三年，在南京对岸的卸甲甸地方，创设硫酸铔厂，摄取空中氮气，制造农肥和军需物品。本厂规模宏大，设备完全，能制各种无机酸，产量甚大，自用之外，官民工厂所需，皆能应付。我们的目的，是为中国建立完整的基本化工，开辟国防和农村的新资源，正大光明，大家心照，因此全公司员工，无不自动地努力。总工程师侯德榜先生，始则亲赴国外，负设计工程采购机器全责，备尝辛苦，回国后又在厂领导员工苦干，劳怨不辞，因此全厂工作异常紧张。从初批机器运到之后，仅二十个月，全厂六大部门之机器管线，均装置完工，二十六年二月五日，即已开工出货，成绩之高，打破远东纪录，苏、俄、日本，还没有赶上我们。趁着春耕，本厂的出品，运销到江、浙、闽、广乡村，大受农户欢迎，同人窃幸生长都市，竟能间接致力农村，增加生产，于心十分快慰。开工不到半年，上海战事业已发动，敌机前后三次光临本厂轰炸，足见我敌对我们的"尊重"，礼尚往来，还敬它只是时日问题。

沿海盐区，除长芦山东之外，以淮区为最著名，淮盐行销全国财富之区，故声势特别惊人。首都奠定之后，因地理关系，政府整理淮区，可称不遗余力，全区交通管理，都有显著进步。"九一八"以来，塘沽形势，迥不如前，为应付危机，久大在淮区新浦，添设一个分厂，这厂规模虽不如塘沽，在南方还算首屈一指。创办之初，也曾发生波折，幸不久即平。战局紧张，敌机不断在厂空飞翔，曾两次投弹，幸无损失，工厂继续工作，并未稍停，及国军撤退徐州，始随着西迁，已竭尽最后的努力。记得淮区同业，采用新法制盐，远在民国初元，他们的乐群公司，是和久大同时落成的，他们有雄厚的资本且深得政府维护，宜若一帆风顺，大告成功，乃不幸中途即归停顿，声息杳然。最后冲锋冒险之责，仍由久大肩负下来，同人都深觉意外。

当一国工业化初期，工业人必须匀出一部分心力，用在改良环境，否则新办的工业，将无法生存，这理论是千真万确的。中国原不像西欧各国，有宗教那种黑暗势力，硬和新学说新事业作正面冲突，但是我们不能否认中国是个大而且老的国，到现在停滞在小农经济时代，社会里面潜伏的惰性和毒菌，也有不可轻视的魔力。单就我们同时代的新事业而论，有几个能逃出它的手心？不是被消灭，就是被同化，方式虽然万别千差，总而言之，是不轻让新的生存，影响所及，使数十年新事业界暗淡无光。人们提到办新事业，就惹人非笑，社会虽极尽冷嘲热讽的能事，但很少知道这是由于新旧相克的结果。这样断送的建国新机，真是更仆难数，可为寒心，我们毕生致力化工，人情上当然期望化工在中国及早滋长繁茂，二十年来，也曾为驱除化工业界种种不良现象，下过相当功夫，只以诚信未孚，十九是无甚反响，社会进步，本来极要时日，而且非各方面同时并进，效力绝不会大，我们并不悲观，遇有机会，仍当继续努力。

流光如矢，一切不堪回忆，二十五年来国事的演进，宛如隔世，我们随着潮流振荡，不由自主。依我们的心意，时至今日，至少中国的化工，早已独立，军火也早已自给了，今竟未能，徒令小丑跳梁，罹此浩劫，这是万分惆怅的。

从临时的下起手来

二十七年一月，厂长傅冰芝先生，率领我们的先发队，到了重庆。这样大批技术员工一次西移，在中国恐怕还没有先例，将来华西工业大发达起来，历史上要拿来当作一段有意义的插话，是一定的。远在十年以前，永利在重庆就设有支店，并且建有自用的货栈，虽然都不十分宽敞，安插不了大队人马，究竟方便得多。后来承南开张校长的盛意，借给我们一大栋教室，又匀出几排宿舍，川中友好，更是极力帮忙。短短的几天工夫，大体都布置好了，要做桌上功夫的，无论绘图设计，都可以动手了，住处也用不着发愁，同人都深觉兴奋和感激。

时间在这紧急关头，是万万空费不得的，战时的后方，能够多增一分生产，于前线不止增加十分战斗力。我们决定不放过这一点，从临时的下起手来，派一部分人，出外调查，准备将来在华西建立基本化工，其余的权且留在重庆，创设临时工厂做工。

首都在匆促之间沦陷了，硫酸铔厂的大件机器，只好毁坏完事，由铁工房拆下来的几座普通机器，运到了上游，将就这套锅伙，也可对付做工，在战时不无小补。二月半间，机件材料陆续运到了重庆，大家商定先租一块地，把它安装起来。租地设厂，在平日已经不是一件顶容易的事，在这个时候的重庆，尤其吃力，合得设厂条件的，又不合地主的口味，一再奔走托情，终于在离城将近二十里的沙坪坝，租得一小块空地。年富力强的人们，说干就干，进行意外敏捷。到五月一日劳动节，我们这竹篱茅舍的临时铁工房，已经在嘉陵江岸，傲然地成立了。国难时期一切从简，并没有举行开工典礼，就做起工来，简而不陋，效力并不和想象得那样差池，很过得去，十足表现了战时的紧张情绪。这厂前后做了不到十个月工，就预备撤销，因为我们在华西的基本化工，决定要实行了，那里要赶急兴工，员工和机器，都不得闲了，在这短期间，这厂一共造成了五万三千多件钢铁东西，还有二百多吨翻砂车制的，总算满意。

调查是以四川为中心，远及云贵和川康边境，凡是书报记载或口碑传述的化工原料产地，都尽力实地调查了一趟。难处是时间太匆促，内地交通实在困人，甚至治安上也有顾虑，调查矿产既不是我们的专门，参考资料也不见得一定可靠，几个月下来所得的结果，仅仅粗浅的一个轮廓，真要实施，还得复查，是不待言的。各方提出的报告，总括起来，有下列几点结论。

一、在目前已发现的化工资源，种类并不为少，一般含量都不丰富，须先行着实探钻，或在别处另行调查，确定含量之后，始能进行设厂的工程计划。

二、凡用食盐为原料的化工，必须自凿新井，另辟卤源，否则将来自给必不自如。

三、川滇两省现有盐区，非彻底改良技术和管理，不仅不能近代化，即目前急需之增产问题，也不易解决。

四、华西基本化工中心，以目前所知，应设在四川，除与食盐有关系者须在犍为一带设厂，其余以叙府泸州为便。

五、云南的褐炭矿，产量丰富，不失为一有用的化工资源，有即行开发之价值。

六、为确定化工资源之质量，仅凭学理推测，还嫌不够，须从速多置手探钻机，利用内地时间宽裕，劳力便宜，多聘专家，督率工人分向四处同时钻探，严格采取样本。

七、从前对于样本的化学分析，向不重视，应由黄海化学工业研究社员作有权威之分析。

八、各地水质、气温、压力、雨量、湿度等，关系举办化工之参考甚，必须有长期的记录。从前所有者应即设法汇齐，制成有系统的表册，以后当极力求其精密充实，统由黄海总其成，才能生效。

临时调查，为建立华西基本化工，做了这段准备工作，从茫无头绪之中，出这许多头绪，使我们有门道可循，这贡献绝不算小，等到七八月间，调查员的被派出国工作，有的要筹备设厂，个个都把临时的工作放下来，回到他本来岗位去了。

踏进了山国的盐区

中国真是个美妙的国家，在沿海有海盐，西北有池盐，西南山地又有盐井。回教徒相信天生一个人，必预订一份盐给他带去吃，的确，如其不是这样，中国的西北西南离海口远的地方，不下万里，本地如其不产盐，人口何能够这样繁殖？并且像这回中日之战，暴敌封锁了沿海盐场，内地岂不即刻就要闹盐荒？谁个还敢主张长期抗战？中国却满不在乎，享惯了这样好的天福，谁也想不到盐的有无，会影响到一个民族的生存？我们憧憬山国的盐区，已经多年，同事李烛尘先生到自流井参观，现在快二十年了，后来所谓"专家初次入川"黄海孙学悟先生，陪着任叔永、翁咏霓诸位，也到过那里，得许多新鲜资料回来，给煮海为盐的人们感叹不止。海边的盐场，是一望无涯的平原，山国的却深到几千尺的地下，根本不同，包罗万象，这才是中国的伟大。

四川盐务管理局局长缪剑霜先生，一向同情我们的事业，他因公来到重庆，偶然会见了范先生，他们谈到川盐最近的发展，极愿邀同人到自贡、犍乐一带参观，并且希望和大家商量，有没有合作的可能，因为增加盐产，在目前非常重要，缪先生勇于为公，历任南北盐区长官，都有政声，我们极愿意瞻仰他的新成绩。一行两辆汽车，缪、范两先生外，还有侯德榜、张克忠、黄汉瑞三位同行，是二月二十四日一早，由南渝中学起程的。宿雨初晴，沿途风景，分外鲜明。到处花黄豆紫，鹭白松青，真一幅绝好图画。有人看入了迷，他说，如其这里配上几座冒黑烟的烟筒，这风景可糟了；也有人说，到那时候少看见几个衣不蔽体的穷人，在风景里面徘徊，更加写意。这样纵横谈笑，刚到红日西偏，我们已经踏进了山国的盐区——自流井，这里木架连云，竹管交错，又是一番情景，嗅着含盐味的空气，唤起了我们新的记忆。

参观盐厂，缪先生在百忙中亲自陪往，给我们种种有益的指教，盐卤从三千多尺的地下吊上来，这盐井全是用人力一分一寸凿成功的，确是世界奇迹，这种忍耐力断然是超人的，没有得到科学恩惠的技术家，要这种苦行，才能成功一件事，不亲眼看见这里的井工，谁也不能想象。此外推卤煮盐，都是古拙到可怜的程度，孰令致之，知识分子个个都有责任，尤其是朝野靠盐吃饭的人们，应该不要完全漠视。

为交换改进川盐技术和战时增产意见，缪先生特邀集本地商灶诸位，和我们晤谈，这里官商，非常融洽，毫无隔阂。他们减轻川盐成本的办法，在民国二十五年，就已经实行，他们知道只是呼唤改良，决不会生效力，因此官商合力在自贡、犍乐两场，各设模范盐厂一所，给灶民实地参考，组织是由商灶出资，盐局代负工程和执行责任，正在积极进行，厂地在张家坝业已着手开工，机器也运到了上海。不幸沪战发生，交通梗阻，不得已临时停搁下来，同人听了都非常惋惜。这确是个顶好的计策，模范盐厂如其做到成本真比旧法低，商灶为减轻担负，多赚利益，一定赶紧模仿，并且一旦战事停后，也不怕再受海盐的排挤，真是何乐而不为。缪先生认为战时增产问题更要紧，希望久大可以在此设厂。商灶同人也表示如久大能来，彼此大可提携共进，于改进川盐技术，不无裨益。范先生对川盐减轻成本，略述所见，他主张择浅近即可实行的方法，先做起来，容易见效，因为目前交通太不方便，人力、物力也有种种限制，况盐场要改良的处所太多，不如先其所急，一步步做，大家率直畅谈，尽欢而别。

我们顺便到张家坝模范盐厂地址参观，这里离本地盐场仅十余华里，有公路可通，沿着威远河，交通尚便。盐厂的烟筒，已经砌了几尺，现在停工了，堆积的建筑材料，也都没有动用，战事影响深刻到如此，为之怅然。缪先生说：久大如其能来设厂，最好就利用这块地，比临时圈购省事得多。热忱溢于言表，我们但望能符他的期望。

第四天一早，告别了自流井，再随缪先生经由成都向犍为进发，头晚歇在成都。自贡、犍乐两处盐场，同隶川局，但是往来非常不便，现在由自流井到犍为的公路，听说盐局正在动工修筑，将来开通，各场往来可以不再绕成都，方便得多，于盐场管理上，必定很有益处。

经过牛华溪，参观了本地盐场，一切都和自流井没有大分别。这一带因为地质关系，盐井不能太深，卤水非常淡，煎盐成本，比自流井更高，灶户急于想要改良，苦于不得门径，值得同情。井的深浅和卤的浓淡，并没有直接关系，如其地下根本没有盐层，尽管再深也属徒然。照地质学家观测，犍乐一带，如其能和自流井一样，打到三千多尺底下，应该有好盐卤。有了这种论断，本地对于打深井，更看得极其有望。

既有这样迫切的需求，在几年前，他们决然动手试起来。在管理局监督之下，组织一个深井公司，由美国买了凿井机运到内地，并聘有外国工程师，督同中外员工，实行开凿，这样大胆的企图，颇出我们意外。据说开工不久，工程上接连发生了几次故障，配件在内地既难添购，人事上同时又发生了纠纷，势难再进，只得先行停工，再商善后，我们到那里的时候，还没有解决办法，真是万分可惜。打井这件事，看来比较简单，其实是种专门业，很要经验，新法打井发生故障，也是极平常的，就是用旧法，也未见得可靠，打一百个井，不知道成功的能有几个，但是人们偏爱拿成功的为例，批评新法不行，实在是种错误。这一带地质特殊，准备稍欠周到，就生故障，这绝不算什么失败。极望他们鼓起勇气，再接再厉，将来一定会成功的。

在这里，大家也曾商量过如何合作，把这事再恢复起来。后来因为计划上，各人看法不同，并且我们希望有更周密的办法和更完善的机器，没有能够将就这现成的，为同人解决悬案，于心颇不自安。

大家都说道士观一带，将来是个很好的工业地段。和工业有关系的人，到了五通桥，一定顺便去游，我们当然也不例外。这里离五通桥不过十华里左右，风景雄伟，且极肃穆，道士观成半岛形，突出江心，在岷江一带，的确很占形胜，只看如何开发。

旅程结束了，得了许多新见识，感谢缪先生和他的同人恳切指导。自贡、犍乐商灶诸公对我们热烈的期望，是十分心感的。国难当前，大家应当合作，希望随时指教。

久大模范食盐厂

从山国盐区游一趟回来，最深的印象，就是那古香古色的盐场，出乎意外。打井、汲卤、煎盐等所用的方法和他们的工具，实在太简单。这样全靠人畜气力的原始技术，居然每年能制出五六百万担盐来，今日之世，只怕除中国人外，谁也没有这种忍耐力。但这绝不是中国的荣誉。我们站在同胞立场，同情之余，认为这是现世的悲哀，因为稍有科学知识的国家，决不必为此区区，把人力这样作践，假使再推想到千千万万吃盐的同胞，那更无聊，他们既没有选好盐吃的自由，只有跟着受罪，花很大的代价，还买不到好盐进口，相习成风，竟不以为怪。盐业分明是种经济事业，在现状之下，供求两方面，都失掉了经济的意义。影响所及，大而言之，民族的健康，至小于盐业的本身，也非常不利，值得大家反省的。这里有一线光明，就是川盐官商当局，都深切地知道非改良不可，并且坐言起行，毫不游移。譬如兴办模范盐厂，组织深井公司，都很得要领。纵然为时局所扼，未能一气呵成，并不足为病。方向既经认定了，以后只要跟踪追求，迟早一定要达目的，不用怀疑。内外大势，逼着久大在川重理旧业，只怕事与愿违，未必有好结果。倘于山国盐区，有些许贡献，不致辜负朝野友好的鞭策，就是万幸。

食盐在中国，虽不是政府专卖，但是国家设有专局管理，创办盐厂，照章须先请批准，才许动工。四月四日久大上呈四川盐务管理局，申请设厂，定厂名为久大自贡模范食盐厂，表示和本地的模范盐厂不同。呈文叙述初步改良川盐技术的方案，和久大在技术上援助川盐同业的决心，大意是这样的：

（前略）公司经营盐业，历二十余年，于制盐技术，略窥门径，受难之余，不甘自馁，猥以改善川盐技术相督责，公谊私情自当谨从。兹决就钧长指定之张家坝地方，购置厂基，创设模范食盐厂，聊尽绵薄。查自贡各厂，现皆苦成本过高，其故由于拘守陈法，未暇计及效能。目前要务，无若将锅釜、炉灶，乃至取卤燃烧诸设备，择其轻而易举者先行改善，逐渐进展，庶于地方人力物资，不致相去甚远。在欧美工业先进国，原不乏效能最高之制盐装置，似非急切所能仿效。公司模范食盐厂，本此见地，只采用钢质平锅、新式炉灶，以煎造花盐为主，随时将花盐之一部分，利用机器轧成一定重量之巴盐，以便外运。经此初步改良，成本当可望减轻若干，盐质亦必比旧法优美，殆无疑义。预定暂以年产一百万市担为率，秤放推销，概遵川省行盐定章，其济销省外或受省外同业定购者，均随时呈请核示。但无论产销，公司概不请求专利，俾便公开。图始最难，并愿于创办之初，对本省同业，以两事相约，期与合作。

一、本厂制造技术，可尽量公开，听凭同业仿效。

二、设同业间有以兴办盐厂之设计工程相委托者，本厂于双方契约之下，允为负责代办。

川盐改进，条理万端，在公司可能为力者，只在技术公开而推广之。

（后略）

不到两星期，这呈文已奉管理局转到总局批示，通知久大"迅即筹备进行"，算批准了，我们的麻烦，也从此开始了。在这个时期，能做事的人不让他做事，要做的事，畏首畏尾不赶紧动手，这当然不对，但是做事也太不容易，第一，精神的痛苦受不了，我们都在意中。

厂长唐汉三先生和驻自贡办事处主任钟履坚先生，尽快赶到自流井，重新再勘察张家坝，是否真合我们的用。因为商办的工厂，和官督商办的不同，事无巨细，全要自己对付，没有官力从旁帮忙，必得在事前调查明白。他们研究的结果，认为在这附近买地，并不十分难，但是要讲价立契，等等，恐怕非三五个月做不到。张家坝这一块地，曾经费力垫高过的，并且存积未用的砖瓦木料，也还不少，最好连地亩一齐收买过来，垫地等花费，照数璧还原主，省事得多。几经商洽，结果勉强照这样决定了下来，承当地官商协助，没有生出意外波折，四月二十日，就成契接收过来，厂基从此确定了。

在盐业界混了这二十多年，阅历自然很多。盐业在中国不仅是极端保守，一部分人甚至把它当作秘宝，照例我们一有新的动作，无论如何检点、如何防范、如何态度鲜明，总归要惹风波，好像宿命既经注定，无论如何是逃不脱的。惟一秘诀，就是忍耐和含默，认定目标，拼命前进；时过境迁十之九，不过大家不畅快，逼着新的计划，打些折扣完事。我们从来取这个方针，这次也是如此，结果一样没有使我们失望。

急忙赶了四个多月工，模范食盐厂的建造工程，完全成功了，朴素无华，但是在学理上、实用上，都说得过去。应用的材料，无一不缺乏，将就本省出产勉强代用，效能当然不能如预期的高，这是无可如何的，只好徐图改良。我们选定"九一八"这个悲痛的纪念日，举行开工典礼。当日天气晴和，春风骀荡，承管理局官长和本地绅商，惠临指教，全厂员工，异常感奋，拜受纪念品达三百多件，参观的男女宾客不下二千余位，盛极一时。战时的华西，有这般活跃的工业建设，足见中国复兴，已近在咫尺之间了。

奠定华西基本化工的中心

基本化工，用来开发华西资源，于国防民生都能兼筹并顾，在建国意义上，是极重大的。因为有了基本化工，不仅其他一切化工，可以举办，别部门的工业，也得到帮助，发挥效能。且在寻常视为无用的废物，都能化为有价值的资源，使华西构成一自给自足之区，绝非难事。大家所顾虑的，就是几千万资金和几百万金元的外汇，从何得来？大量笨重机器和五金材料，如何运进内地？一个从来和近代工业全无接触的环境，如何安排？在短期间要用多数有手艺的工人，如何从中年农夫里面训练出来？无一不费思索。其余类似这种条件，更不知有若干，所以使得人望着发愁。在我们看，这并不是哪一种职业和哪一个团体所独有的。在这个年头不甘心退败的，要做一件事就有一件事情的难处。开发华西，全国认定是国策。既然如此，任何困难，国人一定齐心合力出来分担，所以用不着太顾忌。能够各人在自己分内竭尽所能，真到行不通的时候，国人决不会袖手旁观。我们在这个观点之下，毅然前进。

近代化工在华西，现在才说到要播种，前面讲的是选种，选定了种子如何播？播在什么地方才合宜？事前都应当考虑。在这时候，参考资料既不多，其势又不能坐着久等。我们权衡轻重，暂定了几条原则。

一、无论能否全部实施，工程计划，必要尽力做到完整，至少要包括酸、碱、炼焦，三个单位构成一团，万一无力同时并举，无妨分期施工建造。

二、各单位的规模，以适应目前力量与市销为准，但计划时，每一单位，都必预留扩张地位。

三、原料力求自给，如凿新式盐井、自采磺铁、灰石等矿，须与着手建造工厂时，即行动工。

四、选择厂址，必须注重可为华西化工中心之地，且应顾及将来可与西南西北各省，畅通无阻。

根据这个原则，我们从民国二十七年三月就动手准备，到年底大体已有头绪，其间动员有到四五千人的时候。高级同事，有的始终和无情的敌机轰炸，结不解缘，赌着生命迈进；也有为追求新的化工技艺，在欧美刻苦营谋。我们坚决相信，中国放松了工业战，民族是不会复兴的。

起初几个月工夫用在国内的，将近全为勘察厂址，临时调查之后，一再至三极力复勘。最苦的是我们自己既没有充分的时间再作广泛的调查，以往各机关或个人的记录，又嫌太粗糙，不敢完全相信。据说，能够再往西游，化工原料，比四川沿江一带丰富。现在交通没有开发，绝不是急切间就能设厂利用的，到秋初选定了犍为、叙府、泸州三处做最后的比较，因为食盐是我们必需原料之一，产地是有限制的，运往别处应用，在中国现行盐制之下，也有许多不方便。犍为一带是产盐区，此外的条件，也不比其余两地相差很多，因此决定在犍为县属之道士观地方，圈购厂址，在这里奠定华西的化工中心。二十八年三月一日，公司特废去道士观旧名，改称新塘沽，纪念中国基本化工的摇篮地。新塘沽在岷江东岸，附近食盐、烟煤、磺铁、灰石、耐火土料，等等，都有出产。据地质学家调查，甚至煤气、石油尽有发现的可能，化工原料，堪称齐备。产量现在还不能确定，要再勘测，但比在别处，多少已有把握。这一带江水深湛，地势宽敞，上距嘉定二十余公里，下至叙府二百余公里，直达长江，目前只大水期间可以通轮船，如其河道稍加修理，终年必可通航。一九〇三年英法浅水兵轮，曾由重庆上驶，转入岷江，经过新塘沽，直抵嘉定，他们的记录，也说这水道并不难修理。利用岷江，可与成渝、叙昆两路直接联络，将来货品转运西南西北各省，亦甚便利，与我们选择厂址之原则，极相符合。

工程设计，是每办一种工业成败所关的分歧点，设计得法，尽有得到后来居上的可能，否则势必永久呻吟于落后的不利地位。化学工业，是要凭借有形的机械发出力量来，制驭无形的化学变化，作用极度微妙，因此工程设计，比其他部门的工业，更加复杂，同时更要精细，闭门造车和故步自封，都是绝对要避免的。力所能及，我们切望在华西这个新天地的设施，至少要不比世界水平线太低，并且要立意拿效能来补偿环境的不利，将来这工业才能不被淘汰。目前我们的人力、财力，都万分竭蹶，照平常心理，只有将就我们自有的图样，稍加修改，对付完事。只为"要好"的一念，不愿这样苟且，因此抱定宗旨，宁肯不做，做就做好，做就做成。对于工程设计，一定不惜再付代价，力求上进。照我们的原则，本是酸、碱、炼焦三个单位要同时重新设计的，因为时机没有成熟，制酸和炼焦还不能就动手，只好先设计碱厂，以免坐待。这段工作，费得我们的气力最多，从欧洲转到纽约，历时一年之久，才粗告段落。

土木工程，是厂址买妥了的时候接手就进行的。首先整理厂地，修筑码头道路，建造员工宿舍等，毫无阻滞。不到半年，移山、垫土、凿石、修渠，各项大工程，都次第完了。等到今年春初，重庆这临时铁工厂实行西迁，这里的铁工厂的屋宇，已经都造好了，只等机器运到，就能安装开用。

照我们的计划，车厂将来必需的原料，应尽力自给，这个在我们是十分为难的，无一不和人力财力有关，并且还等不了设厂之后再进行，如其原料不能得心应手，工厂是等于白设的。首先从最难的下手，买了一副开凿深井机，试探新塘沽附近盐质到底怎么样，这机的深度可从四千尺到六千尺，现在赶紧内运，一面在厂地准备开工，如其不出意外故障，这个于华西工业，不失为一有力量的帮助。本厂自购之灰石矿山，在乐山县属之乾溪沟，位于大渡河岸，储量丰富，足供六十年之用。建造期中需用石灰甚多，现在已经小规模开采，烧灰运厂。磺矿已探测多处，尚未能十分满意，迟早当亦可解决，目前仅储量待研究，磺质尚属可用。

战时的交通，无论在哪一国，都是恼人的。中国平时既少准备，战时海口被封锁，困难更多，我们从前一点经验没有，非常着急。今年三月公司自己组织运输部，自备多辆载重汽车，往来转运，虽然困难很多，但是证实了不是不可能。以后如运道再加改良，政府在渡口或加修载重桥梁或多添过渡船只，各段运输管理员司，对民业更能亲切维护，运输问题，绝没有世人想象得那样困难，是很有办法的。

黄海化学工业研究社的使命

黄海是个独立的化工学术研究机关，久大、永利两公司和同人，在物质上、精神上对它都有莫大的帮助；但为要养成自由研究的学风，并不隶属于两公司。自民国十一年成立以来，现在十七年了，我们的理想只在演进，离我们的目标，还相去甚远。

"学术研究，是种神圣工作。做研究的人首先要头脑明晰，把世俗所谓荣辱得失是什么一回事，看得通明透亮。拿研究的对象当作自己的身家性命，爱护它、分析它、安排它，务必使它和人类接近，同时开辟人类和它接近的坦途，这种任务，岂是随便可以完成的吗？无怪乎以牛顿那样的资质、那样的成就，他还叹息学海无涯，我们还有什么话可说？但愿跟踪前辈，愉快而感奋地、一步一步、一代一代地向前走着，为不世出的伟才，预任披荆斩棘之劳而已。这是黄海同人的心愿，也是我黄海一贯的学风。"

上面是节录范先生为"黄海"双月刊写的卷头语，可以看出黄海是个有心灵的学术研究机关。属于化学这一门的研究，比其他各学科都费时日和金钱，稍微志趣动摇的，绝不能支持长久。研究员穷年累月和毒气甚至毒菌周旋，即算大告成功，所得的只是三两行短短的方程式，既不通俗，外行人是毫不感兴趣的，设非自动地肯牺牲，也绝不能全始全终。我们同情黄海过去的奋斗精神，这番意外打击，认为是叫它再为中国化工学术负更大使命的锻炼。

黄海在它的特创的学风之下，坚强起来，因此它的工作，侧重创造，不肯沓袭平常步伐。除协助久大、永利各厂，共同研究技术的改进，同时对于利用久大、永利现有的基础，开发中国新的资源，特别努力，譬如最近几年矾矿的研究和探采，就是个例。如其没有敌人这次暴举，再假以相当时日，这在国防和经济上的贡献是何等伟大。我们当时热烈期望的，是这个工作成功，大可借此促醒同胞们，对学术研究加厚信心，这无形的收获，意义更深。

初到四川，所闻所见，无一不新鲜，农产品种类繁多，矿产也到处都有，无一不是研究资料，尽管设备残缺不全，化学家是最能就地取材的，一样可以活动。现在我们在犍为，已经有自置的研究室，清溪前横，峨眉在望，是绝好的学园。目前最紧要的工作，是搜集附近化工原料，作有权威的分析，便于工业家赶快利用起来，一面仍旧做我们原有的工作。譬如菌学研究，决不放松，华西农产品需要菌学改进提高生产增进价值的，不知多少，五倍子、虫蜡、柏油、桐油、生漆、茯苓，等等，都值得研究。相信在最短期间，必有相当成绩表现出来。于战时工程和医药上的需求，或可开出一小门径。今年四月我们特意发行《黄海》双月刊，暂出菌学专刊，其目的是希望我们同胞，渐渐知道天府之外，还有菌府，也是天下的一雄，和我们是万分亲善的。

（原载1939年7月7日《海王》）

范旭东年表

公元	年岁	纪　事
1883	一	光绪九年十月二十四日生于湖南长沙东乡。
1894	十二	中日之战时，在私塾读书。
1898	十六	维新运动风靡全国，在梁启超办时务学堂求学。
1900	十八	义和团运动，八国联军入侵。随梁启超及长兄范静生去日本留学。
1901	十九	在日本清华学堂学习日语，后补习功课。
1905	二十三	毕业于和歌山中学，同年考入岗山第六高等学堂，学习医学。
1908	二十六	入日本京都帝国大学学习应用化学。
1912	三十	由日本回国，任财政部造币厂稽查，并与友人同创大振熔罐公司，以坩埚熔银。
1913	三十一	奉派赴欧洲考察盐政。
1914	三十二	由德经印度、南洋等地返国。创办久大精盐公司于塘沽。

1917	三十五	筹办永利制碱公司。
1918	三十六	在天津召开永利制碱公司创立会。
1920	三十八	开始在塘沽兴建永利碱厂。
1922	四十	创办黄海化学工业研究社于塘沽。创办永裕盐业公司于青岛。
1924	四十二	永裕盐业公司接收青岛制盐及出口权利。被选为中华化学工业会副会长。
1925	四十三	春天在大连和卜内门公司代表进行业务谈判。
1926	四十四	永利红三角纯碱得美国费城万国博览会金质奖。
1927	四十五	为纪念范静生先生，在北京创办静生生物研究所。
1928	四十六	创立"海王"社，发行《海王》旬刊。第二次大连会议，订立由卜内门在日本代销红三角纯碱协定。
1930	四十八	永利制碱公司扩建，并建成苛化烧碱车间。
1931	四十九	"九一八"日本侵占东北。
1932	五十	成立永利、久大、黄海联合办事处。
1933	五十一	创办久大分厂于江苏大浦。
1934	五十二	永利制碱公司改组为永利化学工业公司，创办永利硫酸铵厂于江苏六合卸甲甸。
1936	五十四	在南京成立中国工业服务社。
1937	五十五	二月永利硫酸铵厂出货。五月与卜内门的长期斗争以签订分销合同而胜利告终。七月抗战爆发。十二月沿海各厂相继沦敌，派人赴湘、川、滇调查资源，并着手建厂。被选为国民参政会参政员。

1938	五十六	入川筹划恢复化学工业建设，创办永利川厂于五通桥，创办久大分厂于自流井（自贡）。赴德考察察安法制碱。
1941	五十九	赴关考察并订购器材，归国后扩充运输部。冬天珍珠港事件发生，被困于香港。
1942	六十	春从香港脱险，赴缅甸视察，指挥运输，几困于敌。六月成立三一化工制品厂于自流井。
1943	六十一	建议战后建设十大化工厂。建议成立经济参谋部，以制定战后建设规划纲领。
1944	六十二	久大三十周年纪念，成立海洋研究室。秋去美考察，接受威斯康星大学的制硝酸新法，并着手在美建实验室。并与美进出口银行商妥借款一千六百美元，准备筹建新厂。
1945	六十三	九月，在中国化学会第十三届昆明年会上被选为中国化学会理事长。接受巴西、印度之请，同意协助两国建设碱厂和进行碱厂技术改造。六月经印度返国。八月日本投降，筹划复原。因向美国贷款问题得不到国民党政府的支持，忧愤成疾，黄疸病发作，十月四日下午二时逝世于重庆沙坪坝南园。

1938	五十六	入川筹划恢复化学工业建设，创办永利川厂于五通桥，创办久大分厂于自流井（自贡）。赴德考察察安法制碱。
1941	五十九	赴关考察并订购器材，归国后扩充运输部。冬天珍珠港事件发生，被困于香港。
1942	六十	春从香港脱险，赴缅甸视察，指挥运输，几困于敌。六月成立三一化工制品厂于自流井。
1943	六十一	建议战后建设十大化工厂。建议成立经济参谋部，以制定战后建设规划纲领。
1944	六十二	久大三十周年纪念，成立海洋研究室。秋去美考察，接受威斯康星大学的制硝酸新法，并着手在美建实验室。并与美进出口银行商妥借款一千六百美元，准备筹建新厂。
1945	六十三	九月，在中国化学会第十三届昆明年会上被选为中国化学会理事长。接受巴西、印度之请，同意协助两国建设碱厂和进行碱厂技术改造。六月经印度返国。八月日本投降，筹划复原。因向美国贷款问题得不到国民党政府的支持，忧愤成疾，黄疸病发作，十月四日下午二时逝世于重庆沙坪坝南园。

1917	三十五	筹办永利制碱公司。
1918	三十六	在天津召开永利制碱公司创立会。
1920	三十八	开始在塘沽兴建永利碱厂。
1922	四十	创办黄海化学工业研究社于塘沽。创办永裕盐业公司于青岛。
1924	四十二	永裕盐业公司接收青岛制盐及出口权利。被选为中华化学工业会副会长。
1925	四十三	春天在大连和卜内门公司代表进行业务谈判。
1926	四十四	永利红三角纯碱得美国费城万国博览会金质奖。
1927	四十五	为纪念范静生先生，在北京创办静生生物研究所。
1928	四十六	创立"海王"社，发行《海王》旬刊。第二次大连会议，订立由卜内门在日本代销红三角纯碱协定。
1930	四十八	永利制碱公司扩建，并建成苛化烧碱车间。
1931	四十九	"九一八"日本侵占东北。
1932	五十	成立永利、久大、黄海联合办事处。
1933	五十一	创办久大分厂于江苏大浦。
1934	五十二	永利制碱公司改组为永利化学工业公司，创办永利硫酸铵厂于江苏六合卸甲甸。
1936	五十四	在南京成立中国工业服务社。
1937	五十五	二月永利硫酸铵厂出货。五月与卜内门的长期斗争以签订分销合同而胜利告终。七月抗战爆发。十二月沿海各厂相继沦敌，派人赴湘、川、滇调查资源，并着手建厂。被选为国民参政会参政员。

图书在版编目（ＣＩＰ）数据

范旭东：民族化工奠基人／刘未鸣，詹红旗主编. —北京：中国文史
出版社，2018.12

（百年中国记忆·实业巨子）

ISBN 978 - 7 - 5205 - 0907 - 7

Ⅰ.①范…　Ⅱ.①刘…②詹…　Ⅲ.①范旭东（1884—1945）—生平事迹

Ⅳ.①K825.38

中国版本图书馆 CIP 数据核字（2018）第 272498 号

责任编辑：刘　夏

出版发行：**中国文史出版社**

社　　址：北京市海淀区西八里庄 69 号院　　邮编：100142

电　　话：010 - 81136606　81136602　81136603（发行部）

传　　真：010 - 81136655

印　　装：北京新华印刷有限公司

经　　销：全国新华书店

开　　本：1/16　　插页：4 页

印　　张：17　　　字数：219 千字

版　　次：2019 年 3 月北京第 1 版

印　　次：2019 年 3 月第 1 次印刷

定　　价：52.00 元